AF453388

LA
RESPONSABILITÉ

MORALE

EXAMEN DES DOCTRINES NOUVELLES

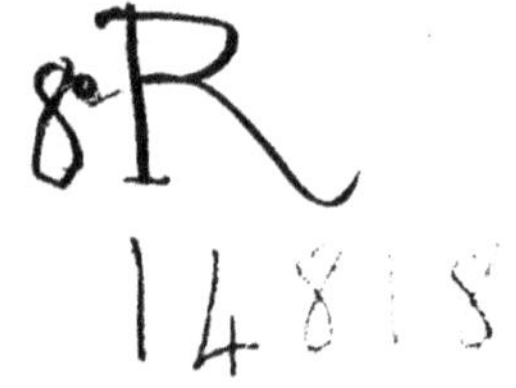

8º R
1481S

OUVRAGES DU MÊME AUTEUR

De Nicolai Cusani philosophia. Brochure in-8 . . . . . 1 50

De la Liberté et des lois de la nature. Discussion des théories panthéistes et positivistes sur la volonté. 1 vol. in-8. . . . 5 »

La Philosophie de Kant, d'après les Trois Critiques. 1 v. in-8. 8 »
Ouvrage couronné par l'Institut de France (Académie des sciences morales et politiques).

La Métaphysique et ses rapports avec les autres sciences. Deuxième édition. 1 vol. in-18 jésus. 3 50
Ouvragé couronné par l'Institut de France (Académie des sciences morales et politiques).

La légende tragique de Jordano Bruno (Comment elle a été formée ; son origine suspecte ; son invraisemblance. Broch. in-8. 1 »

SAINT AMAND (CHER). — IMPRIMERIE BUSSIÈRE FRÈRES

LA
RESPONSABILITÉ
MORALE

EXAMEN DES

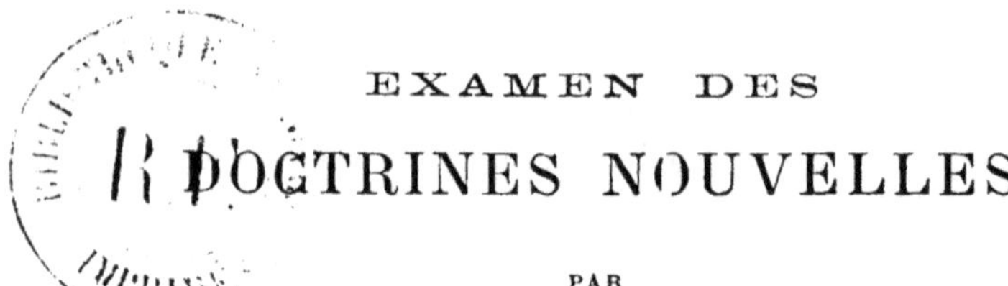

DOCTRINES NOUVELLES

PAR

TH. DESDOUITS

DOCTEUR ÈS-LETTRES, LAURÉAT DE L'INSTITUT

Ouvrage couronné par l'Académie des Sciences
Morales et Politiques

PARIS

LIBRAIRIE THORIN ET FILS

A. FONTEMOING, Editeur

LIBRAIRE DES ÉCOLES FRANÇAISES D'ATHÈNES ET DE ROME
DU COLLÈGE DE FRANCE, DE L'ÉCOLE NORMALE SUPÉRIEURE
ET DE LA SOCIÉTÉ DES ÉTUDES HISTORIQUES
4, RUE LE GOFF, 4
1896

Tous droits de traduction et de reproduction réservés

AVANT-PROPOS

Il y a des idées et des certitudes dont l'homme
a besoin pour être un homme, c'est-à-dire un être
raisonnable et social. Ce sont les notions de devoir, de droit, de responsabilité. Il en est d'autres
dont l'homme n'a besoin que pour être plus instruit et plus heureux. Ce sont les connaissances
de l'ordre scientifique.

Il n'était donc pas nécessaire que la connaissance scientifique fût, en tout temps, le partage
de l'humanité. Les idées sur la nature pouvaient,
à l'origine, être nulles ou pleines d'erreurs. La
vérité scientifique est fille du temps et de l'expérience ; le progrès ne consiste pas seulement à la
la compléter, mais souvent à la transformer, à détruire les vieilles hypothèses admises sans preuves.
En un mot, dans l'ordre scientifique, le progrès
se fait à la fois *par addition* et *par destruction*.

En est-il de même en morale? Se peut-il que les notions fondamentales de la morale aient, à l'origine, été nulles, et que, pendant des siècles, elles aient été fausses ou illusoires? C'est une hypothèse qui a ses partisans; mais elle est singulièrement invraisemblable. En effet, si l'homme n'a pas possédé dès l'origine, au moins en germe, les notions premières de la morale, comment les a-t-il acquises? Par l'expérience? Mais l'expérience ne donne que le *fait*, et non les idées de *droit* et de *devoir*. Si l'homme ne les a pas toujours eues, il n'a jamais pu les former. Il y a, sans doute, un progrès en morale; mais ce progrès n'était possible qu'à la condition de partir de principes vrais. Eclaircir ces principes, en dégager les conséquences, dissiper les obscurités qui résultent souvent du conflit entre nos différents devoirs, voilà le progrès en morale. Il se fait *par addition*, non *par destruction. La morale se complète; elle ne se change pas.*

Plus d'un penseur contemporain a méconnu cette différence entre la loi du progrès scientifique et la loi du progrès moral. On a cru pouvoir appliquer à la morale, comme aux sciences de la nature, la théorie du progrès par *destruction*. On s'est attaqué à la notion *fondamentale* de la morale, à la *responsabilité*. C'est contre la responsabilité que tous les efforts des systèmes novateurs se sont concentrés ; et cela parce que la *responsabilité* assigne à *l'homme* une place à part dans la nature ; or le but des systèmes dont nous parlons est précisément de faire de l'homme une simple pièce dans le vaste engrenage de l'Univers ; on veut absorber la *personne* dans la *nature*, l'*unité réelle* et *vivante* du *moi* dans l'*unité abstraite* et idéale du Grand-Tout.

On peut s'étonner de voir cette négation de la responsabilité présentée comme une doctrine de progrès, lorsque l'expérience, au contraire, nous montre que la conscience de la responsabilité s'affirme de plus en plus, à mesure que le progrès de l'humanité s'accomplit. Il en est des sociétés comme de l'homme ; l'adulte a plus de responsabilité que l'enfant ; ainsi, dans les états civilisés, les individus ont plus de responsabilité que dans les sociétés naissantes. Lorsqu'aux droits civils se sont ajoutés les droits politiques, le citoyen, en devenant électeur, est devenu responsable des intérêts de l'Etat. L'humanité est donc entrée aujourd'hui dans la période où la responsabilité individuelle est à son *maximum* ; et c'est précisément le moment que des philosophes ont choisi pour nier la responsabilité.

Comment expliquer ce mouvement destructeur de la morale ? Il semble, au premier abord, qu'il tienne aux progrès des sciences positives. Pour être parvenu à mieux connaître la nature, notre siècle veut tout expliquer par elle ; et même la volonté humaine est considérée comme un cas particulier du *déterminisme* universel. Mais, à y bien regarder, ce n'est pas à la science elle-même qu'il faut imputer cet abus de la science : car, ce n'est pas *faire de la science* que de transporter au domaine des faits moraux ce que la science a constaté dans le domaine des faits physiques. *C'est faire une pure hypothèse métaphysique.* La morale n'a donc à redouter aucun conflit avec la science lorsqu'elle proteste en faveur de la *responsabilité*, et lorsqu'elle nie les conséquences que, de certains faits scientifiques, on a voulu tirer contre l'*unité* du *moi* ou l'*identité* de la personne. Les *faits* appartiennent à la science ; les *conséquences* qu'on en veut déduire sont arbitraires ou tout au moins ne ressortent pas des faits.

Puisque le principe des négations morales que nous avons à discuter se trouve dans des négations métaphysiques, la nature même de notre sujet nous obligera à transporter avant tout le débat sur le terrain de la métaphysique. Aussi, après avoir exposé, dans une première partie, les doctrines contemporaines qui nient ou défigurent la responsabilité, nous aurons à examiner, dans une seconde partie, les systèmes *métaphysiques* qui sont le principe commun de ces négations : et nous serons amenés à discuter la question du *déterminisme*, ainsi que le problème de la *personnalité* humaine. Toutefois, nous ne bornerons pas là notre examen ; car la question de la responsabilité n'est pas purement spéculative ; elle touche de toutes parts à la vie, à celle de l'individu comme à celle de la société. La solution de ce problème importe non seulement à la morale, mais à la jurisprudence, aux questions sociales, à la littérature, à l'éducation. Ainsi donc, après avoir discuté les nouveaux systèmes dans leurs *principes théoriques*, nous aurons à les discuter dans leurs *conséquences pratiques*. Nous aurons à nous demander si le triomphe de ces doctrines, en supposant qu'elles viennent à prévaloir un jour contre le témoignage de la conscience, ne devrait pas amener un changement radical dans le droit *naturel*, dans le droit *pénal*, dans l'état social des nations modernes, dans les méthodes d'éducation. Par ces conséquences, mieux peut-être que par des discussions théoriques, nous pourrons juger de ce que valent ces doctrines conjurées aujourd'hui contre le libre arbitre et la responsabilité morale.

PREMIÈRE PARTIE

PARTIE ANALYTIQUE

**Exposition des principales doctrines nouvelles sur la
Responsabilité Morale.**

CHAPITRE PREMIER

LA CONSCIENCE ET LES SYSTÈMES

I. — Analyse de l'idée de responsabilité telle qu'elle est dans la conscience.

II. — Classification des systèmes en opposition avec la conscience : 1° Systèmes qui *nient* la responsabilité morale. — 2° Systèmes qui en altèrent la notion. — 3° Système critique.

I

Les doctrines que nous avons à exposer ici sont multiples. Toutes n'ont pas nié absolument la vieille notion (ou plutôt l'éternelle notion) de la responsabilité morale. Les unes l'ont remplacée purement et simplement par la notion de responsabilité *sociale*. Les autres, tout en reconnaissant une responsabilité interne, inhérente à l'individu, ont essayé de l'expliquer sans le libre arbitre et sans l'idée d'une loi morale obligatoire. L'école critique enfin regarde comme vraies les affirmations de la conscience ;

mais en même temps elle déclare que la liberté et la responsabilité sont des objets de *foi,* non de *connaissance,* et ainsi elle contribue à *obscurcir* ces notions en cherchant à les sauver. On pourrait donc classer toutes ces doctrines d'après le radicalisme de leurs négations et d'après l'éloignement plus ou moins grand qu'elles professent à l'égard de la vieille morale classique et du sens commun. Mais, pour apprécier ce degré d'éloignement, il faut tout d'abord définir et analyser cette notion classique — ou plutôt humaine — de responsabilité, telle qu'elle réside dans une conscience qui n'a pas de système. Illusoire ou non, elle mérite d'être analysée, avant tout examen critique de sa valeur. Essayons donc d'énumérer les concepts et les faits psychologiques qui sont compris dans cette idée très *complexe* et pourtant *très claire* que le sens commun attache au mot de responsabilité.

Tout d'abord la conscience humaine distingue très clairement la responsabilité *externe* (la responsabilité *envers la société*) d'avec la responsabilité *morale* proprement dite. Nous sentons très bien que nous sommes responsables de nos actes, *même s'ils restent cachés et échappent ainsi à toute punition;* nous nous sentons responsables de nos *intentions,* même quand des circonstances indépendantes de notre volonté en ont empêché l'effet. Il y a donc — si la conscience n'est pas une illusion, — une responsabilité *interne* absolument distincte et indépendante de la responsabilité envers les autres hommes. C'est presque naïf, c'est puéril, d'énoncer une vérité aussi évidente ; ou plutôt ce serait puéril si elle n'était méconnue de parti pris dans certains systèmes trop à la mode aujourd'hui, et dont toute l'originalité philosophique consiste précisément à rejeter, comme trop vulgaire, une distinction dont l'évidence frappe les yeux des ignorants comme ceux des savants.

Cette responsabilité interne, inhérente *à l'individu*, suppose un certain nombre de conditions, que les moralistes et les psychologues ont clairement analysées. La première condition est évidemment l'existence d'une loi *impérative*, loi supérieure à l'homme, et dont le principe ne peut être que dans une Intelligence Eternelle. Sans Dieu, point d'obligation morale ; et la preuve que ces deux termes s'impliquent mutuellement, nous ne la demandons pas seulement à Platon ou à Kant ; nous la tenons, de l'aveu même de tous les philosophes naturalistes, positivistes ou évolutionnistes ; car tous ceux qui ont nié Dieu, ou qui ont dénaturé l'idée de Dieu en niant sa personnalité, en sont venus bien vite, entraînés par une logique irrésistible, à nier l'obligation morale. On sait les critiques violentes de Schopenhauer contre *l'impératif catégorique* de Kant « *ce vieux reste du Décalogue* » ; et, de nos jours, un philosophe très distingué, profondément sympathique même aux adversaires les plus ardents de ses doctrines, n'a-t-il pas écrit un livre sur la « *Morale sans obligation ni sanction* ».

Une seconde notion, impliquée dans la croyance à ma responsabilité, c'est la notion de *libre arbitre*, c'est-à-dire la notion d'un *pouvoir égal de choisir entre une volition et une autre*. D'après les déterministes, un tel pouvoir doit, *à priori*, être impossible ; la conscience que j'en ai doit, *à priori*, être une illusion. C'est ce que nous aurons à examiner plus loin (1) ; mais à tout le moins, illusoire ou non, cette conscience existe ; je me *crois* libre ; cette persuasion est un fait psychologique, et elle est un des éléments constitutifs de ce que chacun appelle *responsabilité morale*.

Non seulement je me sens libre mais j'ai, en outre, conscience d'être une *personne identique* et *permanente*. En disant *moi*, je parle du même *moi* qui était hier, qui était il y a vingt ans. Mon corps se renouvelle incessamment ; il s'est renouvelé plusieurs fois intégralement ; mais je sais, avec une certitude absolue, que ma *personne* n'a subi aucun renouvellement, aucune substitution. Les phénoménistes disent, il est vrai, que cette certitude n'est qu'une inévitable illusion ; nous discuterons plus loin leurs objections qui demandent un examen à part (2) ; mais, quant à présent, constatons seulement que le sens commun ne saurait se résoudre à cette négation de la person-

---

(1) (V. 2me partie de ce mémoire. 1re Section, ch. i).
(1) (V. 2me partie de ce Mémoire, 1re Section, ch. ii).

nalité. Chaque individu croit fermement qu'il est un être, et non pas seulement *la collection de ses actes*, la collection de ses sensations, ou *l'idée directrice de ses idées*. Si cette conviction est une illusion, le mot responsabilité n'a plus de sens ; en effet, comment serais-je responsable d'actes passés dont je ne suis pas l'auteur ? et comment le *moi* en serait-il l'auteur, s'il n'y a pas de *moi*, ou si le *moi* actuel n'est pas le même que le *moi* passé ?

De ces trois données de la conscience, *l'obligation le libre-arbitre*, la *personnalité*, résultent certains rapports nécessaires. Si la loi est obligatoire, la raison veut qu'elle soit obéie ; si je suis libre, j'ai le *pouvoir* de lui obéir ou de lui désobéir ; il dépend *de moi* de réaliser l'ordre ou de le troubler. Si l'ordre est troublé par moi, la raison veut qu'il soit rétabli ou *par moi* ou *en moi*. S'il est rétabli *par moi*, librement, c'est la réparation. S'il est rétabli *en moi* et *malgré moi*, c'est la *sanction*. Ainsi la sanction est *un rapport nécessaire résultant de la nature des choses*. Toutefois, la sanction n'est pas toujours immédiate ; du moins, si le remords, qui est une première sanction, est immédiat, la sanction complète, la sanction proportionnée au mal commis peut tarder longtemps. Donc, en attendant la *sanction réalisée*, il y a la *sanction due*, ou le DÉMÉRITE. Tant que cette sanction est due, il y a disproportion entre ce qui est et ce qui doit être ; il y a pour ainsi dire, une *action en revendication du droit contre le fait ;* cette action imprescriptible, exercée par la raison contre la personne, et signifiée par la conscience, est précisément ce que nous désignons par le mot de *responsabilité morale ?*

De cette définition de la *responsabilité*, il résulte qu'elle a des degrés. Puisqu'elle suppose la *loi* et la *liberté*, je suis plus ou moins responsable, suivant que je connais plus ou moins clairement mon devoir, et suivant que mon action a été accomplie avec un consentement plus ou moins complet. L'irréflexion, la passion, l'habitude, sans détruire la liberté, multiplient les obstacles qu'elle a à vaincre ; ce ne sont pas des excuses complètes, mais ce sont des circonstances atténuantes de la responsabilité. — Encore sommes-nous indirectement responsables des actes qui résultent d'une ignorance *volontaire*, d'une mauvaise habitude, d'une passion que nous n'avons pas combattue à l'origine et qui s'est développée par notre faute.

II

Telles sont, nous semble-t-il, les notions essentielles que l'analyse trouve dans l'idée de responsabilité morale. Le moins que la critique puisse exiger d'une doctrine philosophique, c'est qu'elle tienne compte de tous les éléments qui constituent cette notion. Or, parmi les systèmes nouveaux, les uns n'en tiennent aucun compte ; les autres en tiennent un compte insuffisant. Dans le premier groupe, on peut ranger la doctrine de Stuart Mill, et celle de l'école italienne, représentée par M. Lombroso et M. Garofalo. Ce sont les doctrines négatives par excellence. Elle méconnaissent absolument, et de parti pris, la distinction élémentaire entre la responsabilité *morale* et la responsabilité *sociale*. La confusion de ces deux notions est l'essence même du système ; et, en cela, il est logique ; car une doctrine fondée uniquement sur l'expérience et l'intérêt ne peut chercher la responsabilité que dans un rapport de *fait* entre notre intérêt et celui des autres. Etre *responsable* c'est s'exposer à un châtiment de la part des autres hommes. Ainsi, on substitue purement et simplement la loi civile à la loi morale, la crainte à la conscience. Non seulement on supprime de la notion de responsabilité tout élément moral, mais on ne songe même pas à chercher comment les idées d'obligation, de choix libre, de mérite ou de démérite ont pu se former dans notre esprit.

D'autres philosophes, au contraire, essaient de conserver et d'expliquer tous les faits moraux de la nature humaine, à l'exception d'un seul, à savoir le *libre arbitre*. Ils admettent une responsabilité *subjec-*

tive, inhérente à l'individu, et absolument distincte de la responsabilité civile ; seulement ils essaient de l'expliquer sans la liberté. Ils reconnaissent en nous la croyance à une loi *idéale* distincte de la loi positive. Ils admettent même que cette loi n'est pas une illusion, une forme subjective ou une simple création de ma pensée ; c'est au contraire la règle de mes actions ; elle a le droit de me commander, de me juger. Seulement, au lieu de chercher l'origine et l'essence de cette loi dans la Pensée Divine, ils la cherchent dans la force évolutionniste de l'Univers, dont notre être intellectuel et moral, aussi bien que notre être physique, est le produit et l'expression. Tout en niant le libre arbitre, ces philosophes ne renoncent pas pour cela à l'idée d'un *mérite* ou d'un *démérite individuel* ; mais, au lieu de faire consister (comme on l'avait toujours supposé jusqu'à aujourd'hui), ce mérite moral dans le choix libre de ma volonté, on le place dans les qualités *naturelles* de la personne. Cet effort pour sauver la responsabilité morale, tout en supprimant ses conditions essentielles, est visible dans l'école évolutionniste, et chez plusieurs philosophes positivistes, par exemple M. Paulhan, M. Binet, et M. Tarde.

Très différente des systèmes précédents, l'école critique, bien loin de nier la responsabilité, ou même d'en altérer la notion, reconnaît hautement la réalité d'une *loi morale obligatoire*, et l'existence de la liberté humaine, appelée à l'accomplissement de cette loi. Seulement cette loi morale, cette liberté qui doit la pratiquer, ne sont, d'après la *critique*, que des *noumènes*, c'est-à-dire des vérités inconnaissables, objets de foi plutôt que de pensée claire. Cette théorie *criticiste* de la responsabilité a été présentée, avec la vigueur d'une puissante dialectique, par M. Levy-Bruhl (1).

Nous devrons exposer séparément ces doctrines si différentes entre elles par la méthode et par l'intention. Nous commencerons par les plus négatives, non pas seulement parce qu'elles sont les plus connues, mais aussi parce qu'elles sont les plus simples. Nous passerons ensuite aux évolutionnistes et aux positivistes, dont les théories sont particulièrement curieuses par les efforts que font ces philosophes pour sauver la responsabilité morale, tout en partant de principes qui la rendent impossible. Nous terminerons par la doctrine de M. Lévy-Bruhl qui est à la fois la plus originale et la plus voisine de la vérité ; si nous sommes amenés à faire de graves réserves, nous serons heureux d'avoir à louer l'esprit philosophique et l'intention hautement morale qui a inspiré cette œuvre.

(1) Thèse pour le Doctorat. *De la responsabilité morale.*

CHAPITRE II

EXPOSITION DES DOCTRINES QUI RÉDUISENT LA
RESPONSABILITÉ A UN RAPPORT SOCIAL

I. — Doctrine de Stuart Mill. — II. Doctrine des criminalistes italiens.
(Lombroso, Garofalo), Théorie de *redoutabilité*.

I

Stuart Mill est avant tout un logicien. Il est le
théoricien du déterminisme absolu ; il doit donc supprimer toute *responsabilité morale*, et, par ce mot
de responsabilité, il ne peut entendre qu'un rapport de *fait*, un *rapport social*.

Son déterminisme a un caractère mathématique :
la loi des volontés rentre, comme celle des mouvements planétaires, dans la loi universelle de la nature. On en pourrait calculer tous les effets futurs,

si on connaissait exactement le nombre et l'intensité des forces dont la *résultante* constitue nos *volitions*. « Bien comprise, la doctrine de la nécessité se réduit à ceci : étant donnés le caractère et la disposition actuelle d'un individu, on peut en inférer infailliblement la manière dont il agira (1). »

Or, comme l'histoire n'est, à son tour, que la résultante des volitions individuelles, il faut conclure que, si on connaissait exactement tous les motifs actuellement présents dans les âmes de tous les hommes « on pourrait prédire toute l'histoire fu- « ture... (2) Et *si un état donné du monde se repro- « duisait une seconde fois, tous les états subséquents se « reproduiraient aussi, et l'histoire se répéterait pério- « diquement comme une décimale circulaire de plu- « sieurs chiffres* (3). »

Il est clair que, dans cette théorie presque astronomique des volontés humaines, la notion d'une *responsabilité morale* serait tout aussi absurde que la notion d'une responsabilité planétaire.

Non seulement la doctrine de Stuart Mill exclut toute liberté, mais elle exclut même tout rapport de *causalité* au sens ordinaire du mot. Pour lui, comme pour Hume, il n'y a pas, à proprement parler, de

---

(1) Stuart-Mill. — *Systéme de Logique*, 2ᵐᵉ volume, p. 419, traduct. Peisse.
(2) *Ibid.*, 1 vol. p. 390.
(3) *Ibid.*

causes et d'effets, c'est-à-dire qu'il n'y a pas de *forces* exerçant une action, une influence les unes sur les autres. Ce que nous prenons à tort pour un rapport de *causalité* n'est qu'un rapport de *temps*. Il y a des phénomènes qui précèdent, d'autres phénomènes qui suivent invariablement ; mais la régularité de cette succession ne doit pas nous faire croire (comme le vulgaire) à une action des phénomènes les uns sur les autres. *Rien n'agit sur rien* ; il n'y a que des séries de faits disposés dans un certain ordre de juxtaposition ou de succession. Telle est la doctrine *phénoméniste*, dont Stuart Mill a été, après Hume, le plus ardent défenseur. Si donc il n'y a nulle part de *rapport de cause à effet*, je ne suis pas *cause* de mes actes. Quelle place, dans cette théorie, pourrait trouver la *responsabilité morale ?*

Pour aller jusqu'aux dernières conséquences de cette doctrine, il semblerait que l'idée de *responsabilité* purement sociale devrait disparaître en même temps. Si l'homme n'est qu'une série de phénomènes successifs, est-il rationnel que la société punisse le groupe actuel de phénomènes, qui constitue le *moi* d'aujourd'hui, pour un délit commis par le *groupe de phénomènes* qui constituait le *moi* d'hier ! Toutefois Stuart Mill est en même temps un disciple de Bentham, un politique utilitaire (1). Sa doctrine poli-

---

(1) Cependant Stuart Mill, en un passage important, ramène l'intérêt au plaisir le plus noble, c'est-à-dire à la joie de la conscience. C'est alors la morale du sentiment.

tique est l'intérêt général. Or, l'intérêt général exige
la punition des hommes nuisibles. Stuart Mill admettra donc la sanction pénale et la responsabilité
sociale. Mais il n'admettra que celle-là. Telle est la
dectrine que renferme implicitement sa métaphysique *phénoméniste* : c'est aussi celle qui est expri-
mée explicitement dans ses ouvrages.

Dans l'examen de la philosophie d'Hamilton, il
développe sa pensée avec toute la clarté possible.
Responsabilité signifie *châtiment*. C'est le fait de nous
exposer par nos actions à une peine qui en est la
conséquence naturelle. Il n'y a donc pas besoin de supposer le libre arbitre. Libre ou non, tout acte nuisible attirera une peine à son auteur ; c'est là une
nécessité de la nature humaine, une loi sociologique.
Je commets un acte nuisible ; c'est une loi qu'il sera
suivi d'une répression ; c'est encore une loi que cette
répression effraiera les malfaiteurs et diminuera
à l'avenir le nombre des actes nuisibles. Il n'y a là
qu'une série déterminée *d'antécédents* et de *conséquents*. En posant l'antécédent, c'est-à-dire en com-
mettant l'acte nuisible, je dois m'attendre au conséquent. Or, s'attendre aux conséquences d'une action,
c'est se *l'imputer*.

Il est vrai que Stuart Mill se pose à lui-même une
objection qui détruit cette théorie de *l'imputabilité*,
ou tout au moins en montre l'insuffisance. D'où
vient, se demande-t-il, que je *m'impute* souvent des

actes dont personne ne sait et ne saura jamais que je suis l'auteur, et dont par conséquent je ne dois pas craindre les suites? Pour résoudre cette difficulté, Stuart Mill recourt à *l'association* des idées. Sans doute, le coupable sait qu'il ne sera pas puni, dans le cas actuel ; mais son acte est de ceux qui attirent un châtiment sur l'auteur, lorsqu'il est connu ; donc, *l'idée* de châtiment *s'associera* dans l'esprit du coupable à *l'idée* de cette action. Il se *représentera* l'acte comme punissable : à force de se le représenter comme tel, il le croira *tel* ; il se l'imputera. Assurément, cette conclusion est peu légitime : se *représenter* une chose comme coupable n'est pas la *croire* coupable. Mais, pour Stuart Mill, on sait que la croyance est souvent le simple produit d'une association d'idées habituelle, et devenue invincible à force d'habitude.

Reste une difficulté. Non seulement les coupables s'attendent à être punis, mais ils reconnaissent au fond que cette punition est *juste*. Voilà une idée nouvelle, *l'idée* du *droit* : comment la faire dériver de l'expérience ? Comment cette punition est-elle *juste,* s'il n'y a pas de ma part une *culpabilité* morale ? — Stuart Mill répond que ce qui fait la justice du châtiment, c'est le droit que la société a de se défendre. Que je sois coupable ou non, on a le droit de me frapper si je suis dangereux ; donc, je suis justement frappé.

Nous sommes loin de trouver que cette réponse de Stuart Mill rende suffisamment compte de l'idée de *justice* pénale : le droit de frapper implique-t-il nécessairement que la victime ait *mérité* d'être frappée ? On ne saurait assurément dire qu'un soldat, sur le champ de bataille, ait *mérité* la mort ; et cependant on avait le *droit* de le tuer. Mais, cette réserve faite, constatons que Stuart Mill, tout en posant en principe que la *responsabilité* n'est qu'un *fait,* a été amené par la logique à poser la question de justice et de *droit*.

II

Comme Stuart Mill, les criminologistes de l'école italienne ont cherché à fonder la *responsabilité* sur le droit que la société a de se défendre. Dans leur œuvre, il y a deux parts à distinguer ; la partie scientifique, c'est-à-dire l'observation exacte des faits ; la partie philosophique, c'est-à-dire la négation *a priori* du libre arbitre et la réduction de la morale aux lois de *l'organisme social*. La partie scientifique des œuvres de Lombroso consiste dans l'anthropologie criminelle, c'est-à-dire dans la recherche des caractères physiologiques qui se rencontrent souvent chez les criminels. Il y a un type criminel : l'asy-

métrie faciale, la mâchoire volumineuse, les ano-
malies du nez, des oreilles en sont les symptômes (1)
les plus ordinaires. Les individus, qui sont nés avec
ce type physiologique ont, d'après M. Lombroso, une
tendance presque irrésistible au crime ; et la connaissance de ces caractères extérieurs pourrait, dit-
il, éclairer le magistrat instructeur sur la culpabilité
ou sur l'inconscience d'un accusé (2).

Ce sont là des questions qui sont de la compétence
du médecin aliéniste. Nous n'avons donc pas à les
discuter ; et les solutions qu'elles comportent, quelles
qu'elles soient, pourront toujours se concilier avec la
croyance au libre arbitre ; car, s'il y a des criminels-
nés, cela prouve seulement qu'ils ont plus de peine
que d'autres à lutter contre les *tendances* perverses,
mais non pas qu'ils soient incapables de résister à
ces tendances et de les vaincre. Quand même l'hérédité, le tempérament aurait, chez quelques-uns,
assez de force pour supprimer le libre arbitre, ces
cas exceptionnels ne permettraient pas de conclure
à la négation de la liberté dans les cas normaux.
Quant à la partie *philosophique* des travaux de
l'école italienne, nous y trouvons tout d'abord la
thèse de Stuart Mill ; *un individu est responsable
uniquement parce qu'il est dangereux. Le droit* de pu-

____

(1) Lombroso. — *Applications de l'Anthropologie criminelle.* — Alcan, 1892, (p. 5).

(2) *Ibid.*, p. 12.

nir n'est que la loi de la nature en vertu de laquelle
tout organisme — et en particulier l'organisme
social — réagit contre ce qui trouble ses conditions
d'existence (1). Mais, de ce principe qui leur est
commun avec Stuart Mill, les philosophes de l'Italie
contemporaine déduisent des conséquences, — très
logiques sans doute, — devant lesquelles le libéra-
lisme de Stuart Mill aurait au moins hésité.

« La science sait, » nous dit M. Sighele, « que
« l'organisme social... réagit contre celui qui attente
« à ses conditions de vie. — *Subir cette réaction, c'est*
« *être responsable.* Si donc la réaction est fatale et
« nécessaire, la *responsabilité sera aussi fatale et né-*
« *cessaire* » (2).

Partant de ce même principe, un célèbre criminologiste, M. Garofalo, en réclame l'application dans
le droit pénal. Le Code pénal, dit-il, a été fondé sur
la fausse idée du libre arbitre et de la responsabilité
morale. Les peines ont été graduées d'après cette
idée fausse. Il faut donc changer les lois, graduer
les peines d'après une autre échelle, et les adapter
uniquement au but que la loi poursuit ; et ce but
n'est que la défense sociale. Ainsi on ne doit plus
punir en proportion du degré de liberté avec laquelle le coupable a commis l'acte (*car ce degré est*

---

(1) Lombroso, *ibid.* p. 110. — Sighele (*la foule criminelle*). — (Alcan,
1892) p. 27 et *passim*.

(2) *Ibid.*

toujours nul), mais d'après l'intérêt de la société (1). Il y a, sans doute, un *mérite* et un *démérite* pour l'individu ; mais il ne faut pas entendre par là autre chose que la bonté naturelle ou la perversité naturelle du tempérament. La punition doit donc être en *proportion* de la *redoutabilité (temebilità)* du coupable, et non en raison de l'intention (2). Ce sera une grave révolution à faire dans nos codes ; en attendant, il faut tenir *uniquement* compte du danger que le coupable fait courir à la société, pour appliquer ou non le *maximum* de *la peine* (3).

Tout le monde accordera facilement à M. Garofalo que la considération du *danger social* et la *redoutabilité* du criminel doivent entrer en ligne de compte pour la fixation de la peine. Mais cette considération est-elle la seule ? L'idée de justice n'est-elle pas un *principe général* dont la *légitime défense* n'est qu'un *cas particulier* ? Et alors, comment la réduire à la légitime défense ? Nous verrons plus loin (4) quelles seraient les conséquences juridiques de cette théorie du droit, si on réformait nos codes d'après les principes de M. Lombroso et de M. Garofalo. Constatons seulement, quant à présent, qu'il n'est pas même question de la *responsabilité morale* proprement dite dans les théories de l'école italienne.

(1) Garofalo. — (*Criminologie*, 1885). Cité par Lombroso, *ibid* p. 63 et 64.

(2) *Ibid*. — Cité par Lombroso. — *Ibid.*, p. 63).

(3) *Ibid*.

(4) V. 3ᵉ partie de ce Mémoire. — Chapitre second.

CHAPITRE III

DOCTRINES QUI ESSAIENT DE MODIFIER, SANS LA SUPPRIMER, LA NOTION DE RESPONSABILITÉ MORALE.

I. — Théories de Spencer. (Explication de la notion de *Responsabilité* par l'évolution). Compléments apportés à cette théorie par M. Fouillée.

II. — Théorie de M. Paulhan. (Explication de la responsabilité par l'organisation de nos tendances.) — Doctrines analogues chez M. Binet.

III. — Théorie de M. Tarde. La négation de la *liberté* est absolue, mais il essaie de conserver la notion de personnalité.

I

Si les doctrines des philosophes que nous allons étudier sont beaucoup moins négatives que celles de l'école italienne, au sujet de la responsabilité morale, c'est qu'elles sont aussi beaucoup moins négatives au sujet des vérités métaphysiques. Spencer déclare *inconnaissables* toutes les causes qui dépassent l'expérience ; c'est reconnaître implicitement qu'il y en a, ou au moins qu'il peut y en avoir. M. Paulhan ne nie pas absolument le libre arbitre ; il le déclare *improbable* mais non pas impossible. M. Tarde, tout en niant la liberté, nous parle du moins de la *personnalité*. Nous avons donc affaire ici à des esprits plus larges. Habitués à analyser les idées, ils ont reconnu que, si l'on ne veut pas se payer de mots, on ne peut expliquer la *responsabilité morale* par son homonyme, la *responsabilité sociale*. Ils ont bien vu qu'il y a là deux ordres de faits, dont chacun veut une explication à part. Outre la responsabilité *objective*, ils admettent donc une responsabilité *subjective*. Nous sommes responsables, non seulement devant la société, mais devant le tribunal de notre conscience : Comment expliquent-ils l'origine de cette *responsabilité*, qui semble dépasser la nature, ou du moins qui constitue dans la nature un fait d'un ordre absolument à part?

L'idée de *responsabilité* morale suppose deux éléments principaux, l'idée de *loi*, et celle du *mérite* personnel. Spencer s'occupe surtout d'expliquer l'idée de loi et d'en déterminer l'origine. M. Paulhan s'attache particulièrement à l'explication du *mérite personnel*.

L'idée de *loi*, celle d'obligation, qui en découle, le sentiment du remords, ont, d'après Spencer, leur origine dans la lutte de l'instinct altruiste contre l'instinct égoïste. Nous empruntons l'exposition de ce système à M. Fouillée qui, sans être absolument un disciple de Spencer, est très sympathique à ses doctrines.

« Le Darwinisme explique par l'évolution et la « sélection des espèces le caractère de nécessité « attribué aux idées morales... Si l'instinct moral « n'est au fond que l'instinct social, il doit lutter « contre l'instinct égoïste. L'instinct moral est, pour « ainsi dire, la force collective enmagasinée dans « l'individu. Quand donc nous voulons opposer la « force de notre intérêt individuel à cette sorte de « *puissance sociale* qui réside en nous, nous éprou- « vons un sentiment de *contrainte* (1). » Le remords n'est pas autre chose que ce sentiment de con- trainte. « De plus, tout en subissant l'action de cette « puissance, nous en comprenons la raison parce que « *les conditions de la société se justifient aisément* « *à nos yeux.* C'est ainsi que la nature et la société, « en entassant siècles sur siècles, façonnent peu à « peu l'homme à leur image et reproduisent la « constitution collective dans la constitution indi- « viduelle... Le désintéressement, qui s'impose à « l'individu comme loi morale, est au fond le sen- « timent que l'individu a de son intérêt, *comme* « *membre de la société* qui entre peu à peu *en lui* (2). »

Mais, objectera-t-on, « d'où vient le caractère obli- «gatoire qui semble appartenir à la conscience ?..

____

(1) Fouillée. — (*Critique des systèmes de Morale Contemporaine*, p. 9.
(2) *Ibid.*

« On connaît la réponse de M. Bain, adoptée par
« M. Spencer. L'autorité impérative qui appartient à
« la conscience n'est pas seulement une crainte de
« *l'autorité extérieure* (explication par trop grossière).
« C'est encore une *imitation* de cette autorité. Nous
« ne nous conformons pas seulement au milieu so-
« cial ; *nous le reproduisons en nous*. Nous ne nous
« contentons pas de répondre au commandement
« du dehors par une sorte d'obéissance passive ; nous
« finissons par nous commander à nous-mêmes. L'in-
« dividu est un petit état où se retrouvent le pouvoir
« législatif, le pouvoir exécutif, le pouvoir judiciaire.
« La nécessité extérieure et sociale prend ainsi la
« forme d'obligation morale, ou de *commandement*
« *intérieur*. Encore, selon M. Spencer comme selon
« M. Darwin, le caractère impératif du devoir finira
« par disparaître, lorsque le penchant supérieur sera
« assez fort pour ne plus trouver de résistance dans
« les penchants inférieurs (1). »

La principale critique que M. Fouillée adresse à
cette doctrine morale, — ou plutôt la seule critique,
— c'est qu'elle explique le passage de l'*égoïsme* à l'*altruisme* par le milieu, par les circonstances physiologiques ou sociologiques, au lieu de l'expliquer par
l'action des *idées-forces*. *L'idée* du tout, de la société,
l'idée du but que poursuit la nature exerce sur nous,
dit M. Fouillée, une action motrice ; et cette action

(1) *Ibid.* p. 11.

motrice nous fait coopérer à l'œuvre du Grand Tout. Cette réserve faite, il ne semble pas critiquer la conception de la loi morale telle que les évolutionnistes l'expliquent. C'est la coopération au but final de l'Univers, à la satisfaction totale des tendances des êtres, et surtout des êtres pensants. Mais ce but que poursuit la nature n'est plus un but préconçu, « une finalité préétablie par une intelligence ; il « s'agit simplement d'une conséquence harmo- « nieuse amenée par l'évolution du monde. Et « comme le terme de l'évolution humaine, d'après « M. Spencer, *est la vie sociale*, il en tire cette con- « clusion que l'homme idéal peut être conçu « comme constitué de telle sorte que ses activités « spontanées soient d'accord avec les conditions im- « posées par le milieu social. »

A cet idéal de la moralité, tel que le conçoit Spencer, M. Fouillée ajoute quelque chose. L'homme idéal, pour lui, n'est pas seulement celui dont les tendances, s'harmonisent avec la *fin sociale*, mais celui dont les tendances s'harmonisent avec *le développement total de l'Univers* (1). « Tout acte devient « moral quand il est fait pour l'humanité et pour le « monde. » Ainsi, *l'Amour du Tout* embrasant le cœur de l'*individu*, la conformité de ma volonté spéciale à la tendance générale de l'évolution universelle, voilà l'idéal de la Perfection. Cet idéal moral,

(1) *Ibid.*

gravé dans notre conscience, est la loi qui nous juge, qui nous punit par le remords quand elle est violée (1). C'est envers cet idéal que nous sommes responsables ; et comme cet idéal fait partie de notre nature intellectuelle, notre *responsabilité* a tout ensemble un principe objectif (la loi suprème de l'évolution), et un principe *subjectif*, qui est l'image de cette loi gravée dans notre conscience sous forme de *commandement* inconditionnel et absolu.

Cette théorie est certainement très supérieure à celle de Stuart Mill et à celle de l'école italienne, puisqu'à la simple responsabilité envers la *loi positive* elle ajoute la responsabilité envers la *conscience* et même envers une loi absolue, objective, dont ma conscience n'est que le miroir. Toute la différence entre cette doctrine et le spiritualisme chrétien, c'est que, pour le spiritualisme, cette loi éternelle, dont notre conscience réfléchit les clartés, est la loi de Dieu, *loi distincte de nous,* supérieure à nous, et par conséquent *impérative.* Pour l'évolutionnisme, au contraire, cette loi qui me juge, me condamne, n'est que la *loi de l'univers*, la loi fatale de l'évolution ; mais alors, *comme je fais moi-même partie de cet univers*, comme mes tendances, mes actions font partie de cette évolution universelle, comment peuvent-elles être en opposition, même par accident, avec la loi qui les détermine ? Comment puis-je être responsable

(1) *Ibid.* p. 33, 34.

envers un ordre *idéal,* dont, par hypothèse, je ne saurais dévier? Nous nous contentons ici de poser cette question, nous réservant, plus loin, d'examiner dans leurs conséquences morales toutes les théories *déterministes* (1).

II

L'école positiviste française a plus d'une affinité avec l'école de Spencer. Cette ressemblance se manifeste spécialement dans les doctrines de M. Paulhan sur l'obligation, la sanction et la responsabilité. Comme Spencer, il fait consister la morale dans la subordination de nos tendances à la *fin* de l'humanité (2). Cette *subordination* produit *l'ordre* : M. Paulhan la compare à un tout bien *organisé* : « l'obligation est la manifestation de la tendance *or-* « *ganisatrice* de notre esprit (3), » c'est-à-dire de la tendance à mettre mes actes en harmonie avec les lois générales de l'univers (4). Le remords de la conscience est une *réaction* de la tendance *organisatrice* contre tout acte qui tend à la désorganisation (5). Le

(1) 3ᵉ partie, ch. 1ᵉʳ.
(2) PAULHAN. —*Revue Philosophique* (1886) page 496.
(3) *Ibid.* p. 496.
(4) *Ibid.* p. 482, 483.
(5) *Ibid.* p. 377.

remords n'est qu'un cas particulier de la loi générale
de tout organisme : « Tout ce qui, dans l'organisme,
« ne concourt pas à la loi générale doit être ex-
« pulsé (1). » De même que la sanction légale est l'ex-
pulsion de l'individu qui trouble l'organisme social,
de même la sanction morale est la réaction de l'esprit contre les actes qui sont une violation des *lois
rationnelles*. Cette sanction résulte nécessairement
de la nature même des choses. S'exposer à cette
sanction, se mettre dans le cas de provoquer cette
réaction de tendances rationnelles, c'est là précisément ce qui constitue l'état d'esprit appelé *responsabilité morale* (2).

Cette responsabilité suppose-t-elle le libre arbitre ?
Loin de là, répond M. Paulhan, si le libre arbitre
existe, (ce dont on ne sait rien,) il *diminuerait* la responsabilité morale, au lieu de la *constituer*. En effet,
un acte *mauvais*, supposé libre, ne prouverait qu'un
état *passager* de *désorganisation* morale. Au contraire
un acte mauvais, *déterminé par mon caractère*, a son
origine dans une *désorganisation* morale habituelle,
permanente ; or le degré de *responsabilité* n'est autre
que le degré de désorganisation (3).

M. Paulhan, part de ce principe pour établir
l'échelle des *responsabilités* : elle est juste l'inverse
de l'échelle adoptée ordinairement. Plus un acte est

(1) *Ibid.* p. 385.
(2) *Ibid.* p. 387.
(3) *Ibid.* p. 388 et p. 412.

en rapport avec mon caractère, mes habitudes, mes passions, plus j'en suis responsable. L'habitude ni la passion ne sont *des excuses ;* ce sont au contraire *des circonstances aggravantes ;* car un acte est d'autant plus inhérent à ma personne que j'y suis plus enclin ; il exprime d'autant plus ma personne qu'il est plus conforme à mes tendances héréditaires et à la fatalité atavique (1). Le fou, l'hypnotisé peuvent être responsables, *dans le cas où leurs actes seraient conformes à leur caractère habituel* (2). Par la même raison, le mérite d'une bonne action n'est pas, comme on le croit, en raison directe, mais au contraire en raison inverse de l'effort (3) ; car, mieux nos tendances sont ordonnées, meilleure est notre nature, et moins nous avons à faire d'efforts pour faire le bien ou éviter le mal.

De cette théorie de la responsabilité découle nécessairement une théorie de la sanction, fondée sur l'intérêt de *l'organisme moral.* « Le seul but et la seule « raison d'être de la punition ou de la récompense... « c'est l'élimination ou l'arrêt du mal, la persistance « ou le développement du bien. Le plaisir et la dou- « leur sont des signes de la sanction plutôt que la « sanction elle-même. Ce sont les symptômes d'un « état qui se fait et se défait (4).

(1) *Ibid.* p. 442.
(2) *Ibid.*
(3) *Ibid.* p. 97, 78 et suiv.
(4) *Revue Philosophique*, 1894 (avril) p. 285.

« La sanction morale, devant porter sur l'agent
« responsable, devra s'appliquer, suivant les cas, soit
« à l'ensemble de la personne, soit à des éléments de
« l'individu. Plus l'élément à atteindre sera systéma-
« tiquement associé à l'individu, plus la récompense
« ou la punition seront justes » (1) Ce qui revient à
dire que la justice de la sanction consiste dans son
efficacité : la sanction n'est qu'un *remède* ; le remède
est bon quand il est reconstituant, et quand il est
bien adapté à la partie de l'organisme qui se désorganise.

M. Paulhan répète ici, au sujet de la *sanction*, ce
qu'il a dit de la *responsabilité* des malades et des
aliénés. « Les règles de la sanction s'appliquent aux
« aliénés comme aux hommes sains. En tant que
« quelques parties de leur esprit, quelques tendances
« peuvent offrir de la coordination, elles peuvent être
« l'objet d'une sanction morale? »

En face de ces assertions sur la *responsabilité des
aliénés*, sur la nature, le degré du *mérite* et du *démérite*, sur le peu de valeur morale de l'effort, on
voit que M. Paulhan ne cherche pas à atténuer les
conséquences où entraîne la négation du libre arbitre. Nous en dirons autant d'un autre physiologiste
et psychologue contemporain, M. Binet. « Un homme
qui serait libre, » dit-il, « cesserait presque d'être

____

(1) *Ibid.*

responsable ; car son acte, par hypothèse, serait indépendant de *ses actes passés,* et par conséquent indépendant de sa *personne* (1). » Une telle conclusion étonnerait, si on ne se rappelait pas que, pour les *positivistes,* la personne n'est qu'une *collection* de *phénomènes successifs.* C'est la théorie phénoméniste de Hume. On voit clairement, par cet argumentation de M. Binet, comment la négation de la *substance* et de l'*identité personnelle* conduit nécessairement à une théorie de la responsabilité morale exactement inverse de la doctrine admise par le sens commun.

III

Cette nécessité de rétablir la notion *d'identité* personnelle a frappé un penseur contemporain qui, pourtant, sur bien des points, est d'accord avec les positivistes. M. Tarde est un criminologiste connu par ses travaux philosophiques. Il nie le *libre-arbitre,* qu'il regarde comme une hypothèse presque abandonnée, (2), et, en tout cas, inutile pour expliquer la responsabilité. Mais il insiste sur l'*identité personnelle,* qui est, pour lui, l'élément fondamental de la

(1) *Rev. Phil.* 1888, p. 218 et suiv.

(2) V. *Philosophie du Droit Pénal* (1890) et une étude importante publiée en 1892 dans la *Revue des Deux-Mondes.*

responsabilité *morale* (1). C'est là une protestation
contre l'insuffisance des doctrines positivistes et
phénoménistes. Toutefois l'auteur avertit qu'il n'entend pas parler d'une « *identité métaphysique absolue* »,mais seulement d'une « *identité relative* » (2).
C'est bien vague. Cette identité consiste-t-elle dans
la permanence de la personne, ou seulement dans
celle de ses attributs, ou enfin dans la persistance de
la mémoire? Dans la crainte, sans doute, de faire de
la métaphysique, l'auteur ne précise pas.

Hâtons-nous de dire que, s'il reste beaucoup trop
vague sur la *personnalité* psychologique, du moins,
il a mieux compris que l'école italienne l'importance
de la *personnalité* morale et le respect qui lui est dû.
L'individu, dit-il, a une valeur *en lui-même*. « En au-
« cun cas, la peine ne pourra être purement utili-
« taire et avoir pour but unique l'intérêt de la so-
« ciété (3). La société ne peut se défendre qu'en se
« respectant elle-même, et ceux qui la composent;
« elle ne peut traiter les hommes, même pervers,
« comme chiens enragés dont on se débarrasse (4). »
De plus, la société doit songer à l'amélioration du
coupable: elle doit exercer sur lui un patronage
après l'expiration de sa peine. (M. Lombroso traite
ces idées de M. Tarde de généreuses chimères).

(1) *Phil. du Droit pénal*, cité par Lombroso, *ibid.* p. 80 et suiv.
(2) *Ibid.*
(3) *Ibid.*
4) *Ibid.* cité par Lombroso, *ibid.* p. 88.

Dans un ouvrage encore plus récent (1), M. Tarde revient sur la nécessité d'admettre une responsabilité purement morale, indépendante du danger social. « Si l'instinct de défense seul a créé le droit « pénal, on pourrait concéder à M. Enrico Ferri que « l'idée de culpabilité est une invention moderne, « une création factice, contre nature et contre raison et que le progrès du droit pénal peut et doit se « passer d'elle. C'est à cette conséquence qu'il abou- « tit forcément, à partir de ses prémisses er- « ronnées » (2). Comme preuve de l'antiquité de cette croyance à la réalité d'une *responsabilité* inhérente à la *personne*, M. Tarde rappelle les anciennes législations qui déféraient les coupables à des *tribunaux de famille ; flétris* par ces tribunaux, ils étaient excommuniés ; on ne les considérait pas seulement comme *dangereux* mais comme *impurs*.

On pourrait croire, à lire les pages de M. Tarde sur la *responsabilité*, que son bon sens pratique de jurisconsulte va le ramener complètement aux doctrines morales du spiritualisme. Il n'en est rien ; tout en maintenant la réalité de la responsabilité morale, il se refuse à lui assigner un principe *supérieur à l'expérience*. *L'obligation morale* n'est pas une loi *métaphysique* absolue. Elle a son origine dans un *fait d'expérience*, à savoir *le fait* de la *sympathie* (3).

(1) Transformation du Droit (Alcan, 1893).
(2) TARDE, *ibid.* p. 14 et 15.
(3) *Ibid.* p. 14 et suiv.

L'homme est moral ou non, selon qu'il éprouve ou non de la sympathie pour ses semblables. C'est revenir au principe de la morale *positiviste* qui consiste dans la prédominance de l'altruisme sur l'égoïsme. Sans doute ce principe est déjà très supérieur à celui de la *défense sociale ;* mais sur quoi se fonde, à son tour, cette obligation d'aimer nos semblables? Sur un syllogisme, nous dit M. Tarde, dont la majeure est la volonté d'être heureux, et dont la mineure est la persuasion que le seul moyen d'être heureux est l'amour du prochain (1). N'est-ce pas retourner à la morale de l'intérêt? Et ce retour à la morale égoïste n'est-il pas la conclusion nécessaire de tout système qui fait abstraction des deux *postulats* sans lesquels l'idée d'obligation est inintelligible, Dieu et la liberté humaine?

(1) *Ibid.*

CHAPITRE III

DOCTRINE CRITIQUE

Exposition du système de M. Lévy-Bruhl. — La responsabilité suppose le libre arbitre. — Mais le libre arbitre et la responsabilité sont des réalités *inconnaissables*, des *noumènes*. — Il ne faut donc pas prendre la responsabilité morale comme élément de la justice pénale.

I

Entre l'école spiritualiste, qui affirme le libre arbitre, et les écoles qui nient à la fois la liberté, la responsabilité, une troisième école propose son arbitrage. *L'école critique*, avec Kant, admet que la liberté, la responsabilité sont des postulats de la *loi morale*, et par conséquent sont des vérités certaines dont nous sommes assurés par la *raison pratique* ; mais, avec Kant, aussi, elle déclare que ces notions sont *inconnaissables*, — et même *contradictoires*, au point de vue de la raison spéculative. Les détermi-

nistes ont raison, selon la *science ;* les spiritualistes
ont raison, suivant la *conscience.*

Pour résoudre cette antinomie, les disciples de la
critique concluent que dans le monde des *phénomènes,*
c'est-à-dire au point de vue *relatif* de notre intelligence, le déterminisme et la science ont raison ;
mais, dans le monde des *noumènes,* où réside la *vraie
vérité,* le libre arbitre et la responsabilité existent ;
seulement, c'est *à titre de réalités inaccessibles à l'intelligence humaine.* C'est donc en somme le spiritualisme qui obtient gain de cause devant la critique ;
seulement, les considérants de l'arrêt ne sont pas précisément une recommandation pour la doctrine où
se trouve la *vraie vérité.*

Comment l'école critique arrive-t-elle à ces conclusions ? Par quelles suites d'analyses établit-elle à la
fois la nécessité de croire à la *responsabilité morale* et
l'impossibilité d'attacher un sens à ce mot ? C'est ce
que nous chercherons dans un ouvrage où se trouve
le développement le plus complet de la doctrine *critique* sur la responsabilité ; à savoir la thèse de Doctorat de M. Lévy-Bruhl (1).

Dans l'avant propos, l'auteur déclare que, depuis
Hume et Kant, tous les problèmes philosophiques
doivent être posés sous une forme nouvelle (2) : c'est
le seul moyen d'échapper aux antinomies qu'ils pré-

(1) *L'idée de responsabilité.*
(2) *Ibid.* p. 10 et 11.

sentent. En vain, dit l'auteur, essaierait-on de concilier la croyance au libre arbitre avec la science. On ne peut donc sauver cette croyance que par la distinction de la raison pure et de la raison pratique. La nécessité de cette tactique s'impose. Si on ne met les vérités morales dans *l'inconnu* comme dans un asile inviolable, si on a l'imprudence de les discuter, de vouloir les justifier devant la raison spéculative, elles ne peuvent résister à *l'analyse*. Tant que nous ne l'analysons pas, la notion de responsabilité semble claire ; nous croyons la comprendre ; mais si nous voulons l'approfondir, la *définir*, l'analyser, nous tournons dans un cercle : la responsabilité se définit par la *justice*, le *mérite moral* ; elle se prouve par le fait du remords ; or, à leur tour, les notions de mérite, de remords, de justice supposent la responsabilité (1).

Impossible à définir, la notion de responsabilité est encore plus impossible à appliquer avec certitude. Pouvons-nous juger de notre *mérite* ? à plus forte raison nous ne pouvons juger du *mérite* ou du *démérite* des autres hommes ; nous ne pouvons savoir quelle est leur *responsabilité*. Dieu seul connaît le degré de liberté des hommes et leurs intentions (2). Cette impossibilité de rien savoir du sujet du *mérite* et de la *responsabilité* des hommes explique les hésitations,

(1) *Ibid.*
(2) *Ibid.* p. 3, 7, 13 et suiv.

les défaillances de certains juges, qui n'osent condamner des accusés dont le crime est cependant avéré. On craint de frapper *uniquement* dans l'intérêt de la défense sociale ; on ne veut punir qu'un *coupable*. Mais quelle certitude pourrons-nous jamais avoir de la culpabilité d'un homme (1) ?

Voilà donc la société livrée sans défense aux criminels, aussi longtemps que l'on exigera, pour justifier une condamnation, la certitude *impossible* de la *culpabilité*. Que faire ? séparer la responsabilité *subjective*, dont nous ne pouvons rien savoir, d'avec la responsabilité *objective*, et tenir uniquement compte, pour prononcer sur le sort d'un accusé, de sa responsabilité *objective*, c'est-à-dire du danger que son exemple peut faire courir à la société (2). Rien n'est plus facile à déterminer que la responsabilité objective. Elle suppose : 1° l'accomplissement d'un acte nuisible à la société ; — 2° la réaction de la société, ou le châtiment ; — 3° la *justice* de cette réaction, c'est-à-dire le droit que la société a de se défendre ; — 4° la prévision, par l'auteur de l'acte, des conséquences que son acte devait entraîner (3). Faut-il ajouter une cinquième condition, la liberté ? non ; car il n'est pas nécessaire qu'un coupable ait été libre pour que son châtiment soit *efficace* et produise l'effet voulu

(1) *Ibid*. p. 15, 55 *et passim*.
(2) *Ibid*. p. 15, 55, 28 à 52.
(3) *Ibid*. p. 41, 44, 46, 47.

par l'intérêt social (1). De même, il n'est pas nécessaire que les autres hommes soient libres, pour que la vue du châtiment infligé au coupable les effraie et les détourne de suivre son exemple. Il suffit, pour l'efficacité du châtiment, que les hommes soient capables de *prévision* ; ce n'est pas parce que les fous ne sont pas libres, c'est parce qu'ils sont incapables de *prévision* qu'il faut les déclarer *irresponsables* (2).

Ainsi, dans la pratique, M. Lévy-Bruhl arrive aux mêmes conclusions que l'école italienne. Loin de reculer devant ces conséquences, l'auteur les regarde comme favorables au progrès social et à l'adoucissement du droit pénal. Lorsque la justice, dit-il (3), ne verra plus dans le délinquant un *coupable*, mais un danger, elle frappera sans haine, avec pitié dans la mesure où cette pitié sera compatible avec la défense sociale.

Telle est, en résumé, la doctrine de M. Lévy-Bruhl. Elle diffère profondément des précédentes en ce qu'elle affirme la réalité *du libre arbitre* ; mais elle s'en rapproche en ce qu'elle affirme le *déterminisme*, sinon dans le monde des *choses en soi,* du moins dans le monde des choses *connaissables.* A la négation absolue du libre arbitre correspond, avec l'école ita-

(1) *Ibid.*
(2) *Ibid.* p. 41, 43, 50, 52.
(3) P. 191, 192.

lienne, la négation absolue de la responsabilité. A la rélégation du libre arbitre dans l'inconnu correspond, avec l'école critique, la rélégation de la responsabilité dans l'inconnu. Cela revient à dire que là où est le libre arbitre, là est la responsabilité. Donc, pour discuter dans leur principe toutes les doctrines que nous avons exposées, la méthode est toute indiquée ; c'est le problème du libre arbitre qui domine tout ; c'est la clef de la question de la *responsabilité morale*. Toute la discussion doit se concentrer sur ce problème, et sur celui qui en est inséparable, le problème de la personnalité humaine.

DEUXIÈME PARTIE

PARTIE CRITIQUE.

PREMIÈRE SECTION

Examen des systèmes nouveaux considérés dans leurs principes.

PREMIÈRE SECTION

CRITIQUE DES PRINCIPES

CHAPITRE PREMIER

EXAMEN DU DÉTERMINISME

I. Double erreur fondamentale du principe déterministe ; ce système consiste en effet à supposer une fausse loi psychologique, — une illusion impossible. — Il suppose en outre une action du passé sur le présent. — Le présent, en réalité, ne contient l'avenir qu'en puissance. — Ce que l'on appelle le déterminisme des phénomènes physiques n'est que l'effet de la loi d'*inertie*, et ne s'explique que par des causes *déficientes*.

II. La pluralité des représentations *est la condition nécessaire et suffisante de la liberté*. — Ces représentations n'agissent pas suivant les mêmes lois que les forces mécaniques.

III. Comment la liberté de l'homme peut coexister dans l'univers avec l'activité inférieure des êtres soumis au déterminisme.

IV. Inutilité de l'hypothèse de Kant ; — le libre arbitre est un *fait*, une loi qui se manifeste dans le monde des *phénomènes*.

I

Ordinairement, c'est par ses conséquences morales que les partisans de la liberté attaquent le détermi-

4

nisme. La méthode n'est ni déloyale ni en aucune manière illogique. Mais elle est insuffisante ; car les déterministes ont pris par avance leur parti de ces conséquences. Il faut discuter en lui-même le principe du *déterminisme*. Nous pourrions, à la rigueur, nous contenter d'observer que le *déterminisme* est une hypothèse absolument gratuite, et qu'aucune *inférence logique* ne nous autorise à conclure de l'ordre des phénomènes physiques où le déterminisme a été observé, à l'ordre des phénomènes psychologiques, où on ne l'a jamais observé. Cette position serait déjà inexpugnable, si nous voulions nous tenir sur la défensive. Mais les défenseurs de la liberté n'en sont pas réduits à cette situation. Il est facile de prendre l'offensive et de prouver que le déterminisme est à la fois la négation des faits, et la négation du *principe de causalité*.

Tout d'abord, le déterminisme est la négation des faits. En face de la perception que nous avons de notre liberté, il n'a d'autre ressource que de répondre : « *cette perception doit être une illusion.* » Or, avec une telle fin de non-recevoir, ne peut-on pas nier la réalité de n'importe quel fait, toutes les fois qu'il contredit nos systèmes ? Passe encore si on pouvait expliquer comment cette illusion pourrait se former en nous : mais, tout ce que nous savons sur les lois de l'illusion prouve que la liberté n'en est pas une. Toute illusion se forme à l'image de certaines réalités que nous avons vues, et dont le souvenir se mêle en nous à des perceptions réelles... A l'image de quoi aurions-nous formé l'illusion de la liberté, si nous n'avions jamais constaté que des phénomènes déterminés et des causes déterminantes ?

Existe-t-il en nous, hors la liberté, quelque chose qui ressemble à la liberté et que nous puissions prendre pour elle ? C'est *le plaisir* d'*agir*, a-t-on répondu avec Bayle, que nous prenons pour *liberté* : la girouette se croirait libre si elle avait du plaisir à tourner au gré du vent. L'explication ne supporte pas l'examen ; le *plaisir* d'*agir* ne ressemble pas à la *liberté* ; il est avéré, *en fait*, que nous ne prenons jamais ces deux choses l'une pour l'autre ; car, d'une part, je me crois libre quand j'accomplis des sacrifices très pénibles ; et, d'autre part, si la douleur de la migraine ou de la névralgie vient à cesser subitement, j'en éprouve un grand plaisir, et cependant je n'attribue pas cet effet à ma liberté.

A défaut de pouvoir chercher l'explication de la croyance à la liberté dans *un fait qui lui ressemble*, on a essayé d'expliquer cette croyance par l'*absence d'un fait*. « Je n'ai pas conscience, a-t-on dit souvent avec Spinoza, « de l'action des causes qui me « déterminent ; j'en conclus que je me détermine moi-« même librement. » Pour qu'une telle explication eût quelque valeur, il faudrait tout d'abord établir la loi psychologique suivante : *Toutes les fois que je n'éprouve aucun sentiment de contrainte je m'imagine être cause libre de mes mouvements.* » Or, cette loi est absolument fausse ; elle est démentie en fait à chaque instant. Je n'ai pas la perception des causes qui déterminent en moi les mouvements de l'*instinct* ; et cependant personne ne s'est jamais imaginé être *cause libre* de ses actes instinctifs. On en pourrait dire autant de presque tous les phénomènes vitaux. Je n'éprouve aucun sentiment de *contrainte* en me sentant vivre ; est-ce que jamais j'ai imaginé que je faisais circuler mon sang par un libre effet de ma volonté ?

Ainsi, puisque la conscience de la liberté ne peut s'expliquer ni par aucun autre fait qui lui ressemble, ni par l'absence des faits qui ne lui ressemblent pas, il faut conclure que cette illusion ne rentre dans aucun des cas d'illusion connus, que c'est une illusion d'un genre exceptionnel, une illusion miraculeuse... ou bien que ce n'est pas une illusion.

Les déterministes allèguent, il est vrai, que dans certains cas maladifs, on peut se croire *libre* sans l'être. M. Binet et M. Beaunis ont remarqué ce fait chez les hypnotisés. Mais ici, la mémoire de leur *liberté passée*, de leur *liberté habituelle* suffirait absolument à expliquer cette illusion ; tandis que, si l'homme à l'état normal n'était pas libre, il n'aurait aucune possibilité d'imaginer la liberté. Le cas est

---

(1) Binet et Ferré. *Le magnétisme animal,* p. 218. Beaunis, *le somnanbulisme provoqué.*

donc très différent. De plus, il ne semble pas que cette conscience que l'hypnotisé a d'être libre soit une *conviction réfléchie*. Le sujet hypnotisé, se demande-t-il en agissant : « Suis-je réellement libre ? « Quels sont les motifs de faire cet acte ? Quels « sont les motifs de m'en abstenir ? — Est-ce par « devoir, est-ce par passion que j'agis ? Cet acte « est-il bon ou mauvais ? » Lorsqu'un hypnotisé affirmera après son réveil qu'il a fait toutes ces réflexions, qu'il s'est posé toutes ces questions, on pourra comparer la conscience qu'il a de sa liberté à celle que nous avons à l'état normal. Or, il s'en faut de beaucoup qu'il en soit ainsi. L'hypnotisé se sent agir, mais ne sait pas *pourquoi* il agit. M. Bernheim (1) raconte qu'en *avril* 1884 il avait dit à un ancien sergent, sous l'influence de la suggestion : « Le 3 octo- « bre prochain, vous irez chez le Dr Liébaut ; vous y « rencontrerez le président de la République ; il vous « remettra une médaille et une pension. » Le 3 octobre, à 10 heures 50 minutes le sergent se rendit en effet chez le Dr Liébaut et s'imagina voir le Président. Quelques jours après, il affirma à M. Bernheim que l'idée d'aller chez le Dr Liebaut lui était venue *subitement*, et *qu'il n'avait aucune idée du but de sa visite*. Donc, il avait agit, *sans savoir pourquoi*. Or, *agir sans savoir pourquoi, c'est agir sans la conscience d'avoir choisi* ; et c'est précisément dans la *conscience de no-*

(1) Bernheim. — *La suggestion volontaire*, 2e Edit. p. 22.

tre choix que réside la perception du libre arbitre. On voit, par cet exemple, quelle différence *essentielle* il y a entre le sentiment vague que le suggestionné a de sa spontanéité et le sentiment précis, clair, la *conviction réfléchie* que l'homme sain a de son libre arbitre. Ainsi l'exemple des hypnotisés est une nouvelle en faveur de la liberté : en l'absence de *liberté réelle*, nos états de conscience n'ont pas les caractères *essentiels* à la conscience du libre arbitre ; et c'est précisément parce que le malade ne se sent pas réellement libre qu'il n'a jamais de remords au sujet des actes, même criminels, suggérés par l'hypnotiseur, bien qu'il s'imagine les avoir vraiment accomplis.

Reste encore à expliquer la croyance à la liberté, dans le rêve. Observons d'abord que, dans le rêve, comme dans l'hypnotisme, la croyance à ma liberté est vague : le sentiment de ma responsabilité est quelquefois nul, et presque toujours faible. La mémoire de ma liberté *habituelle* suffit pour expliquer l'induction par laquelle, faute de preuves contraires, je me suppose libre en rêve. Ainsi rien ne dément la loi psychologique que nous croyons pouvoir formuler en ces termes :

1° *Pour croire fermement être libre, il faut l'être, en effet, actuellement.*

2° *Pour croire vaguement être libre, il faut l'avoir été précédemment.*

A défaut de pouvoir prouver par l'expérience que
la liberté soit une illusion, on l'affirme *à priori*. On
affirme que le grand principe du *déterminisme universel* ne saurait avoir d'exception. Ce principe, dit-
on, est la loi souveraine des choses, ou tout au moins
la condition souveraine de toute connaissance. On
va même jusqu'à la confondre avec le *principe* de
causalité. Essayons donc de soumettre à l'analyse ce
prétendu axiome. Voyons si, regardé de près, il ne
se résoudrait pas en équivoque ou en contradiction.

La formule de ce principe est : « *Tout phénomène
est déterminé par la série des phénomènes antécédents.* »
— Cet axiome arbitraire une fois posé, on en déduit
que chacune de mes volitions est déterminée par
l'état antérieur de mon esprit — que cet état, à
son tour, a été déterminé par le précédent, et ainsi
de suite. On remontera ainsi, d'antécédent en antécédent, jusqu'à l'état d'esprit, au plutôt jusqu'à
l'état organique primitif de l'*amphioxus* ou de la
monère dont on nous fait descendre ; encore ne sera-
ce pas fini ; il faudra aller à l'infini. Les conclusions
sont rigoureuses. Seulement... le principe est absolument *inintelligible* absolument contradictoire.
Quoi de plus contradictoire que l'hypothèse d'un
état présent déterminé par un *état passé* ? L'état *présent* d'une chose ne se produit qu'après la cessation
de son *état antérieur*. Ainsi, par l'hypothèse, l'effet

serait actuellement déterminé par une cause qui a cessé d'exister ! L'effet n'a plus de cause au moment où il se produit ! Chaque phénomène, si je le compare au précédent, est un effet sans cause ; si je le compare au suivant, c'est une cause sans effet ! La série des phénomènes est une chaine infinie dont chaque anneau rentre au néant juste au moment où le suivant se forme ! Et pour comble de contradiction, tous ces anneaux, — dont il n'existe jamais *qu'un seul* dans un moment donné, — sont soudés mécaniquement et indissolublement rivés les uns aux autres !

Pour échapper à cette contradiction du *présent déterminé par le passé* du *réel déterminé par le néant,* il faut admettre la *simultanéité de la cause et de l'effet.* Un *phénomène* se produit *pendant* que sa cause agit, et non pas *après* qu'elle a agi. La causalité est une action du *présent* sur le *présent.* Donc, entre deux phénomènes successifs, quoiqu'il n'y ait pas *solution de continuité,* il y a *solution de causalité.*

Cette SOLUTION DE CAUSALITÉ rend évidemment la liberté possible. Il semble même qu'elle devrait être partout. Cependant elle n'existe pas dans la *matière.* Il y a des lois absolument fixes dans le monde physique. Comment expliquer cette uniformité du cours de la nature si, comme nous l'affirmons, le *déterminisme* est contradictoire ? Comment la prévision des phénomènes physiques est-elle possible si *le passé n'influe pas sur l'avenir ?*

Nous ne prétendons pas que le passé n'influe pas sur l'avenir ; sans doute le phénomène *antécédent* ne *produit* pas le *suivant ;* mais il le *prépare,* le rend *possible* : le phénomène antécédent est la *condition*, quoiqu'il ne soit pas la *cause* du phénomène subséquent. Cette distinction est bien simple. Je monte un escalier ; *l'ascension de la première marche* rend *possible* l'ascension de la seconde ; mais elle n'est pas la *cause efficiente* de ce second mouvement ascensionnel. Je mets le thermonètre dans l'eau chaude ; il monte à 30, puis à 31 degrés ; la température de 30 degrés est le *phénomène antécédent* ; la température de 31 degrés est le *phénomène subséquent ;* le premier n'a pas *produit le second ;* car, si j'avais mis le thermomètre dans l'eau froide au moment où il marquait 30 degrés, le second phénomène n'aurait pas eu lieu ; mais le premier a été la *condition préalable* et même nécessaire du second. En un mot un phénomène contient le suivant en *puissance* mais non *en acte.*

Quelle est donc la *cause* des phénomènes *subséquents ?* Ce n'est pas le *phénomène antécédent* — mais c'est la *cause permanente* qui a déjà produit le premier *phénomène...* C'est ma volonté qui a produit le mouvement d'ascension de la seconde marche ; c'est la chaleur de l'eau qui a successivement fait monter le thermonètre à 30 puis à 31 degrés. On voit clairement par ces exemples que le rapport de *cause* à effet est un rapport de *simultanéité ;* tandis que le rapport de *condition* à *conditionné* est à la fois un rapport de *succession* et de simultanéité.

Cela posé, il peut se faire que la cause *permanente* des phénomènes soit incapable de modifier la *direction* ou *l'intensité* de son *activité ;* c'est ce que l'expérience nous montre dans la matière ; la science appelle *inertie* cette *uniformité* dans le mouvement ou dans l'état de repos, cette impuissance de passer d'un état à un autre — à moins d'un choc *extérieur.* — Du moment que la matière est inerte, nous pouvons conclure de son état présent à son état futur, en tenant compte des forces, également soumises à la même uniformité, qui agissent ou agiront pour modifier son état. Par conséquent, *l'inertie* étant donnée, le *déterminisme* s'ensuit. Ou plutôt le *déterminisme* n'est absolument pas autre chose que *la loi d'inertie* elle-même. C'est un nom commode pour désigner cette loi, ses effets. En un mot, le déterminisme est une loi physique, *purement expérimentale,* et en aucune façon ce n'est un principe *à priori,* une loi de la *raison.* Appliquer cette loi à des forces dont on n'a pas constaté expérimentalement *l'inertie,* par exemple à la *volonté humaine* c'est faire la plus gratuite de toutes les hypothèses, la plus illogique de toutes les inférences.

L'inférence est d'autant plus illogique que, très probablement, l'inertie de la matière est le résultat de son inconscience. Etant dépourvues de conscience, les forces matérielles ne peuvent se *représenter* les différents états par lesquels elles pourraient passer. Ne pouvant se les représenter, elles ne peuvent en choisir un de préférence à une infinité d'autres également possibles ; donc, elles sont réduites à rester dans l'état où elles sont, à moins d'une action extérieure qui les détermine à changer d'état ou de place. *L'inertie*, le *déterminisme*, tient uniquement à cette impossibilité de *choisir* ; ainsi le *déterminisme n'est qu'un degré inférieur d'activité ; il s'explique, non par une cause efficiente — mais par une cause déficiente. —*

En conclurons-nous que l'homme étant conscient, il est *libre dans tous ses actes* ? Evidemment, il ne l'est pas dans les actes inconscients, les actes d'instinct. Quant à l'*activité consciente* et *volontaire*, elle est toujours *libre en puissance* ; mais encore faut-il, pour que ses actes soient le produit d'un libre choix, qu'il y ait *matière à choisir*. S'il me vient à l'esprit de faire une chose, et que je n'aie aucun motif de ne pas la faire, la *matière du choix manquera*. C'est ce qui se produit dans les cas où *tous les motifs sont du même côté* : ma liberté est donc souvent en dehors des conditions qui lui permettent de s'exercer ; alors, — mais alors seulement, — on peut prévoir *infailliblement* les actes d'une personne. Ici, comme dans tous les autres cas, l'absence de liberté ou l'impossibilité de l'exer-

cer s'explique, — non par une contrainte positive
— mais par des conditions négatives, par des causes
déficientes.

II

Si, comme nous le soutenons, la *condition neces-
saire et suffisante* de la liberté est la possibilité du
choix, et par conséquent *la présence de plusieurs représentations distinctes*, la liberté ne peut exister ni
dans le rêve ni dans l'hallucination. En effet, rien
n'est moins distinct que les représentations du rêve :
nous rêvons que nous voyons telle personne ; un
instant après, elle a les traits d'une autre personne ;
elle en a les attributs ; elle agit et parle comme cette
autre personne ; nous sommes à la fois dans un
temps et dans un autre ; nos souvenirs récents se
combinent avec ceux de notre enfance et composent
des visions contradictoires ; nous parlons avec des
parents ou des amis que nous nous souvenons
d'avoir vus morts. De même, chez l'halluciné, des
choses réelles qu'il touche qu'il voit et de son idée
fixe il fait un tout incohérent. Lors qu'il arrive à
reconnaître très nettement les personnes et les
choses, et surtout quand il a une conscience nette
de l'*incompatibilité* de son idée fixe avec ces percep-

tions nettes de la réalité, alors il est bien près d'être guéri.

Pour la *suggestion* — c'est précisément *l'unité* de la représentation qui la caractérise. L'hypnotisé est tellement sous l'empire de cette *idée unique* que, dans ses perceptions réelles, il ne verra et ne remarquera presque rien, ou du moins il ne verra nettement que les objets qui s'accordent avec son idée fixe.

Dira-t-on que, si notre théorie est vraie, elle prouve trop ? L'animal a certainement des représentations distinctes des choses ; il le compare, il hésite, il semble choisir entre les objets qu'il perçoit et qu'il discerne avec autant et souvent plus de finesse que l'homme ; donc l'animal, d'après notre théorie, devrait avoir une certaine liberté ? — Cette conséquence, si on nous l'objecte, ne saurait nous arrêter. Pourquoi l'animal n'aurait-il pas un peu de liberté ? il n'y a que deux modes possibles d'activité, — *l'inertie*, telle que nous la constatons dans la matière, et *la liberté*. *Dans les actes d'instinct*, l'animal agit avec une précision et une régularité mécanique ; il n'y a nulle trace de liberté. Mais, dans l'accomplissement des phénomènes dont il a conscience, il est clair qu'*il n'est pas soumis aux pures lois de la mécanique*. On s'est beaucoup moqué du problème le Buridan ; c'est qu'il était mal posé, et dans des conditions que l'expérience ne peut réaliser. Mais supposez l'âne en *un point quelconque* à distance inégale des deux bottes de foin, et en dehors de la ligne qui les joint. Dès lors, il est évident que, *si l'âne n'était soumis qu'à des impulsions mécaniques il n'irait ni vers l'une ni vers l'autre des deux bottes, mais suivrait la ligne médiane*, en vertu de la loi du parallélogramme des forces. Or, en fait, il est certain qu'il ira vers l'une ou l'autre ; ce démenti donné à la mécanique, ou plutôt aux systèmes qui réduisent l'effort volontaire à une résultante d'impulsions mécaniques, nous oblige à reconnaître, *même à la bête*, un peu de liberté.

Il va sans dire que ce *libre arbitre* de l'animal ne constitue qu'une *liberté physique*, et nullement la *liberté morale* : n'ayant pas l'idée du *Bien* et du *mal*, il ne peut choisir entre deux buts dont il n'a pas connaissance ; sa liberté se réduit au pouvoir de choisir entre deux mouvements différents ; mais enfin, ce choix conscient entre deux mouvements ne se fait pas d'après les lois de la matière inerte. La liberté est comme la conscience ; elle a des degrés. *Le déterminisme pur ne commence qu'avec l'inconscience absolue.*

III

Si l'homme est libre, si même, dans une certaine mesure l'animal est libre, comment leur activité peut-elle coexister avec l'activité déterminée des forces matérielles? Est-ce que les actes libres ne portent pas le trouble et le désordre dans l'harmonie de l'univers?

A cette première objection scientifique, on ajoute souvent, toujours au nom de la science, une autre objection, fondée sur le principe de la conservation de la force, dont la quantité, dit-on, doit être constante dans l'univers, et dont la direction devait être déterminée invariablement.

La première objection trouve sa réponse dans les faits, et dans des faits quotidiens. L'homme fait produire continuellement à la nature des phénomènes qu'elle n'aurait pas produits si elle avait été laissée à elle-même. Non seulement l'homme dessèche les marais, détourne le cours des fleuves, met des digues à la mer, plante des forêts de pins pour arrêter les sables, mais il va jusqu'à détourner le cours du tonnerre à l'aide d'une pointe métallique; il fait circuler la foudre sur un fil de fer pour porter ses dépêches. En un mot, l'homme en use avec la nature comme avec une esclave. Cependant, l'homme ne trouble pas l'*harmonie* de l'*Univers* par la production de ces phénomènes. S'il change le *cours* des *phénomènes*, il ne change pas les *lois* de la nature, ce qui est très différent. Est-ce qu'en mettant un paratonnerre sur un toit on dérange les *lois* de l'électricité? Est-ce que je modifie les *lois* de la pesanteur parce que je retiens avec la main un objet qui va tomber ? Les lois ne sont que des *rapports* entre les *conditions* et les *effets* ; si l'homme ne modifie les effets, les phénomènes naturels qu'en modifiant les conditions, le rapport n'est pas détruit. Ce n'est même qu'en *modifiant* à son gré le *cours* des *phénomènes* que l'expérimentateur en trouve les *lois* immuables. La nature, suivant la comparaison de Bacon, est comme Protée ; elle ne parle que si on la contraint ; toute la méthode expérimentale est comme une *torture*. C'est la liberté de l'homme, qui met la nature à la question pour l'obliger à révéler ses secrets. Ainsi l'action de la liberté peut s'intercaler au milieu des phénomènes déterminés (1) ; et ce n'est que par ma liberté que j'arrive à discerner ce qui est libre de ce qui ne l'est pas.

Puisque cette action de la liberté, qui est quotidienne, n'a jamais porté le désordre dans l'harmonie cosmique, il faut bien se rendre à l'expérience et reconnaître la coexistence possible de la liberté et du déterminisme. Mais cette coexistence, dit-on, est inconciliable avec la *loi* de la conservation de la force. Nos actes volontaires ne peuvent être que des *transformations* de forces préexistantes ; autrement, ils supposeraient la création de forces nouvelles. Comme

---

(1) Si l'homme peut modifier *le cours* des phénomènes, sans modifier ni suspendre les *lois* de la nature, à plus forte raison Dieu le peut. *Le miracle est donc possible, sans que les lois naturelles soient suspendues ni troublées un seul instant.*

cette objection se fonde sur des faits scientifiques, c'est à un savant contemporain que nous emprunterons la réponse.

« Pour passer de cette loi à la négation de la li-
« berté, » dit M. Milhaud, « il faut assimiler les
« modes de l'activité psychique aux faits qui sont dans
« des rapports déterminés avec les phénomènes du
« mouvement. Or, qui peut bien justifier une induc-
« tion aussi étrange (1)? Les faits sur lesquels se
« fonde le déterminisme se réduisent à ceux-ci :
« Dans quelques cas particuliers où se produisent
« certaines sensations...., certaines lois physiques
« ont été établies liant entre eux des faits méca-
« niques objectivement constatés (2). »

Ces coïncidences constatées dans quelques cas autorisent-elles une assimilation universelle entre les deux ordres de faits? Non, répond M. Milhaud, à moins de supposer *à priori* précisément ce qui est en question, à savoir la thèse déterministe (3).

Quant à l'objection que les déterministes opposent à la liberté au nom de la *conservation de la force*, — M. Milhaud en prouve également l'inanité. Qu'il y ait une quantité de force constante dans l'univers, que toute création de force soit impossible, ce n'est pas une loi démontrée ; ce n'est qu'une hypothèse,

(1) MILHAUD (*De la certitude logique. — Thèse pour le Doctorat ès-lettres* (Alcan, 1893).

(2) MILHAUD, *De la certitude logique*, p. 141. Paris-ALCAN.

(3) *Ibid.* p. 142.

une fiction peut-être, un symbole mathématique qui sert à expliquer les faits mécaniques constatés par l'expérience. *Rien ne prouve qu'ils ne puissent s'expliquer autrement* (1). Les déterministes n'ont donc pas le droit d'en faire une loi réelle. Non seulement ils le font, mais ils étendent cette loi tout hypothétique à l'univers entier ! « A quelques exemples « particuliers où l'observation est plus ou moins fa- « cile, parce qu'elle porte sur un ensemble déterminé « de corps... ils assimilent le cas de l'univers entier « envisagé dans sa totalité. » Ils n'en ont pas le droit : « la loi de la conservation des aires, la loi de la « conservation de la force vive, appliquées à l'uni- « vers, n'énoncent pas de théorèmes établis, mais « de simples hypothèses (2). »

Si on ne peut les appliquer à l'univers entier, à plus forte raison ne peut-on pas les appliquer au monde moral. « Aucune démonstration n'existe et ne « saurait exister, défendant d'imaginer une vie « psychologique libre, en face des nécessités ciné- « tiques de la matière (3). »

IV

Du moment que la liberté n'est pas incompatible avec les lois de la nature, il devient inutile de cher-

(1) Milhaud, *Ibid.* p. 130.
(2) *Ibid.* p. 133.
(3) *Ibid.* p. 131.

cher à résoudre une antinomie qui n'existe pas. De toutes les hypothèses ingénieuses mais inutiles imaginées pour concilier la liberté avec le déterminisme, la plus célèbre est celle de Kant.

Kant, on le sait, relègue la liberté dans le monde des *noumènes*, c'est-à-dire dans le monde des vérités *inconnaissables*, et abandonne au *déterminisme* le monde des *phénomènes*, c'est-à-dire tous les actes, même psychologiques et moraux, que nous percevons dans le *temps* et dans l'*espace*. Loin d'abandonner, avec Kant, le monde des phénomènes au déterminisme, nous pensons au contraire que notre liberté appartient à la fois au monde des *noumènes* et au monde sensible : c'est dans le monde des *noumènes*, sans doute, que réside sa *loi* ; mais c'est dans le monde des *phénomènes* que résident et les *obstacles* à vaincre et la *matière de nos devoirs*. Nos devoirs sont dans le temps ; ils ont pour objets les personnes qui nous entourent ; leurs conditions dépendent en partie des circonstances. Notre moralité suppose notre *persévérance*, notre *progrès* dans la vertu ; or, la persévérance et le progrès sont des rapports du *temps* avec la *moralité* ; ces notions sont véritablement la *synthèse* du *phénomène* et du *noumène* ; ou plutôt le *phénomène* et le *noumène* ne sont que des distinctions métaphysiques, légitimes au point de vue de l'essence des choses, mais inséparables dans notre vie morale comme dans notre connaissance.

Non seulement ma liberté agit dans le monde des

phénomènes, mais c'est même par son action que je
connais les phénomènes extérieurs. Le principe de
tout *discernement*, et par conséquent de toute perception *réfléchie*, est dans la conscience que j'ai de ma liberté agissant sur l'objet, et dans la sensation de l'objet réagissant contre ma liberté. — Tout d'abord,
d'où vient que je crois à l'existence d'un Non-Moi?
Je sens une force qui lutte contre la mienne ; donc,
cette force est réelle, et elle n'est pas *moi*. Or, pour
sentir qu'une force résiste à mon action, il faut me
sentir maître de mon action. De plus, pour savoir
d'*où vient* la résistance, il faut que je connaisse *la
direction de ma réaction contre le choc extérieur :* et,
*pour connaître la direction de mes mouvements, il faut
en être la cause volontaire*, ou tout au moins y contri-
buer volontairement. C'est là une loi psychologique
absolument de première importance, et sur laquelle
on n'insiste pas assez d'ordinaire. Les exemples quotidiens en prouvent l'exactitude : ainsi, nous ne sentons pas la direction d'un bateau, d'un wagon de
chemin de fer, lorsque nous avons les yeux fermés ;
c'est parce que nous ne sommes pour rien dans la
production de ce mouvement. L'aéronaute ne sait
pas si le ballon monte ou descend ; pour le vérifier,
il faut consulter le baromètre : c'est encore ici parce
qu'il n'est pour rien dans le mouvement. Par la
même raison, nous ne sentons pas le mouvement de
la terre. Au contraire, nous avons très bien conscience, même les yeux fermés, de la direction dans

laquelle nous marchons ; le cavalier sait dans quelle direction marche son cheval, parce que c'est lui qui le dirige. En un mot, je ne connais que les mouvements où ma liberté intervient pour les produire, ou pour les diriger, ou pour réagir en sens inverse. *La liberté est l'instrument d'appréciation ; elle est la mesure des choses.*

En vertu de la même loi, nous pourrons facilement résoudre un problème psychologique qui serait absolument insoluble, si on méconnaissait le rôle de la liberté. D'où vient que, dans la veille, je distingue nettement les impressions *réelles* d'avec les images *subjectives* de ma mémoire et de mon imagination ? Si les forces organiques agissaient toutes seules, si le *moi* ne réagissait pas librement contre elles, ce discernement serait impossible ; en effet, les physiologistes ont constaté que *l'impression cérébrale produite par le souvenir occupe les mêmes cellules cérébrales que la perception primitive et consiste dans le renouvellement des mêmes mouvements* (1). Les conditions physiologiques de l'image *subjective* sont donc les mêmes que celles de l'image *objective ;* à quel signe pouvons-nous donc les discerner ? Est-ce uniquement, comme on le suppose ordinairement (2), à la différence d'intensité ? Ce serait un *criterium* bien insuffisant et souvent bien trompeur ; car il y a des perceptions très faibles et des souve-

(1) V. Ribot, *Maladies de la mémoire,* p. 10.
(2) Taine, *De l'intelligence.*

nirs très vifs. Le vrai *criterium* ne serait-il pas tout simplement dans les relations différentes de ces différentes catégories d'images avec ma *liberté*? Quand je perçois un objet présent, cet objet produit sur mon cerveau *une impression que ma volonté ne peut ni détruire ni modifier*. Avec tous les efforts possibles de volonté, je ne peux percevoir comme dur ce qui est liquide, voir à ma droite ce qui est à ma gauche. L'impression que je *subis* étant indépendante de ma *liberté,* il faut qu'elle ne vienne pas du *moi,* mais soit produite *uniquement* par un *objet extérieur*. Au contraire, si je me représente par l'imagination une série de représentations, — (par exemple une course, une bataille, un incendie,) je peux à mon gré modifier, faire disparaître, rappeler, combiner ces images. Donc, puisqu'elles dépendent de *moi,* c'est qu'elles sont en moi, et que leur objet est absent; elles sont *subjectives*; je le reconnais au pouvoir que ma liberté exerce sur elles.

La contre-épreuve nous est offerte par les illusions du rêve et de l'hallucination. Dans ces états, ma liberté est incapable de s'exercer; donc, je n'ai pas l'instrument, la pierre de touche qui me permet de reconnaître la *subjectivité* des images qui se forment dans mon cerveau.

En résumé, la liberté, qui, à en croire les déterministes, serait une illusion, est en réalité le seul *criterium* qui me permette de discerner *l'illusion* d'avec la vérité.

CHAPITRE II

DES NÉGATIONS DE LA PERSONNALITÉ

I. Théories phénominisrtes des psychologues (Hume, Taine). **En niant le**
moi, ils le sous-entendent.

II. Théories phénoménistes des physiologistes. — Part de vérité dans
leurs théories. — La permanence du *moi* se reconnait toujours même
sous la variété des hallucinations *appelées maladies de la person-*
nalité.

III. Négations métaphysiques de la personnalité. — Systèmes *monistes.*
— Le *monisme* n'est qu'une simple hypothèse, absolument gratuite,
et qui implique de nombreuses contradictions.

I

Le libre arbitre est la condition de la *responsabilité*
morale ; la *personnalité* en est le sujet. S'il n'y a pas
de *moi*, si le *moi* n'est pas une substance identique
et permanente, s'il n'est qu'une *collection de phéno-*
mènes simultanés ou successifs, que devient la res-

ponsabilité? Comment un *état mental* serait-il responsable d'un *état mental précédent?*

Il est donc naturel que la plupart des philosophes, dont nous avons examiné les doctrines, nient la *personnalité* en même temps que la responsabilité. Stuart Mill, M. Paulhan, M. Binet considèrent, avec Hume, le *moi* comme une *collection* de *phénomènes.* Cette doctrine, à laquelle appartiennent plus ou moins tous les *positivistes* (1) et à laquelle se rattache aussi M. Taine, a reçu le nom de *phénoménisme.* Elle a trouvé la formule sa plus complète dans les œuvres de Hume; et ce philosophe a essayé de la démontrer par les analyses psychologiques les plus subtiles. Il résout l'*être* en ses *attributs*, le *sujet* en une somme de *qualités*, l'*esprit* en une série de *représentations.* Descartes, qui n'avait pas prévu cette décomposition du *moi* en ses modes, Descartes avait cru formuler une proposition incontestable, inattaquable, au scepticisme le plus radical en posant comme premier principe : « *Je pense, donc je suis.* » Les phénoménistes contestent la conclusion : « *Je pense,* » disent-ils, « *donc il y a des pensées;* » rien de plus. Rien n'autorise à conclure de l'existence des pensées à celle d'un être pensant. Voilà l'argumentation textuelle de Hume :

« Pour ma part, lorsque j'entre au plus intime de

(1) Nous ne parlons pas ici des philosophes de l'école italienne, qui ne semblent pas même avoir posé la question ; ce serait peut-être, à leurs yeux, faire de la métaphysique que de la poser.

« ce que j'appelle *moi,* je me heurte toujours contre
« quelque perception de chaud, de froid, de mal, de
« plaisir ; je ne me sens jamais vide de perceptions,
« et je ne puis observer que des perceptions... » Donc
l'esprit humain ne doit être considéré que « comme
« un système de différentes perceptions, liées entre
« elles... Comme la mémoire produit la continuité
« de la succession de nos perceptions, elle paraît la
« source de notre identité personnelle (1) : » mais
cette identité n'est qu'une illusion dont la cause est
« cette liaison et ce passage facile de nos idées pro-
« duit par les principes d'association (2). »

Il nous semble que Hume mêle ici deux questions
et conclut trop facilement d'une chose à une autre
toute différente. Tout le monde lui accordera sans
peine qu'en descendant dans notre conscience « nous
« nous heurtons toujours à quelque perception, » et
que je n'ai jamais conscience d'un *moi* séparé de
ses actes et de ses attributs. Faut-il en conclure,
comme il le fait, que je perçoive des *actes* et des
attributs séparés du *moi* ? Je n'ai pas, sans doute,
conscience d'exister sans avoir en même temps
conscience de penser. S'ensuit-il que j'aie conscience
de penser sans avoir en même temps conscience
d'exister ? La vérité est que la conscience de ma pensée et celle de mon être sont inséparables. L'une est

(1) Hume, *De la Nature Humaine*, vi, 6.
(2) *Ibid.*

dans l'autre ; comment Hume peut-il de l'*une* inférer que l'*autre* n'existe pas ?

Mais, dira-t-on, si l'analyse psychologique ne peut
isoler le *moi* de ses *actes*, comment découvrirons-
nous sa réalité, comment le distinguons-nous d'avec
les phénomènes qui l'accompagnent ? — Avons-nous
donc besoin de découvrir ce que nous ne perdons
jamais de vue ? Est-il nécessaire de m'isoler de mes
actes pour me distinguer d'avec eux ? Je me sens du-
rer ; je le sens passer, varier, se succéder devant moi
et par moi. Il y a là un fait d'évidence primordiale :
tout ce que l'on y pourrait ajouter ne ferait que
l'obscurcir.

Cette idée du *moi permanent* est si bien au fond
de toute pensée que l'idée seule de mettre en doute
son identité produit sur tout homme l'effet *maximum* de surprise et d'impression comique. On sait
quel parti Plaute et Molière ont tiré de cette hypothèse *hypercomique*, dans la fameuse scène où Mercure veut dépouiller Sosie de son *moi*. Ce *moi*, auquel Sosie ne peut renoncer, même sous le bâton, ne
serait-il qu'une collection de phénomènes ? Cela devrait être cependant, d'après les phénoménistes :
son *moi* se compose 1° de la perception de son corps :
2° de la perception de sa lanterne ; 3° du souvenir du
compliment appris par cœur pour Alcmène ; 4° de
quelques autres souvenirs, comme celui du jambon
dont il avait coupé deux tranches et du vin qu'il
avait bu pendant la bataille. — Mais voici tout à

coup que ce *groupe de phénomènes* se trouve transporté hors de lui. Il voit devant lui sa propre image, portant sa lanterne : Mercure sait comme lui l'aventure du jambon ; en un mot, Mercure se compose rigoureusement *de la même collection de phénomènes* que Sosie. Donc, il devrait, d'après les phénoménistes, être la *même personne* que Sosie. Cependant, ce dernier n'en convient pas :

> « *Etre ce que je suis est-il en ta puissance ?*
> « *Et si tu l'es, que veux-tu que je sois ?*
> « *Car il faut bien enfin que je sois quelque chose ? »*

D'où vient donc cette obstination de Sosie à croire son *moi* incommunicable ? Pourquoi est-il si persuadé de son *identité* ? Est-ce parce que le groupe de ses sensations ne s'est pas modifié ? Mais, tout au contraire, il s'est produit dans ses sensations les plus étranges modifications ; il voit ce qu'il n'a jamais vu ; tout est nouveau pour lui ; il est battu cruellement. Cependant, il ne se croit pas changé, lorsque tout change autour de lui et en lui.

> « *Tes coups n'ont fait en moi nulle métamorphose,*
> « *Et le seul changement que je trouve à la chose,*
> « *Est d'être Sosie battu (1). »*

Si quelque chose pouvait se comparer à l'embarras de Sosie, c'est celui où se trouverait un philosophe phénoméniste qui voudrait mettre son langage d'accord avec sa doctrine. En effet, il est im-

______
(1) MOLIÈRE. — *Amphitryon*, sc. 1.

possible de nier le *moi* sans se servir de phrases où
on l'affirme. Hume, comme les autres, dit *je* et *moi*,
et ces mots reviennent presque à chaque ligne dans
le passage même que nous avons cité plus haut :

« Lorsque *je* descends au plus profond de *moi-*
« *même... je me* heurte toujours à des perceptions »...
Il y a donc un *je*? Il y a donc un *moi-même*? Et puisque je me heurte *toujours* à des perceptions, c'est
que ce *moi*, qui affirme ce *toujours*, est *toujours* avec
lui-même ; ses souvenirs s'étendent à toute sa vie ;
en un mot, il est identique, permanent, et ne se
confond pas avec ces phénomènes changeants et successifs dont il constate ici les lois.

La réaction philosophique de l'école Écossaise, et
surtout les profondes analyses de Maine de Biran
semblaient avoir fait justice de la doctrine paradoxale
de Hume sur le *moi*, lorsque M. Taine, avec son
merveilleux talent, est venu la remettre en honneur.

« Il faut laisser » dit-il (1) « de côté les mots de
« raison, d'intelligence, de pouvoir personnel,
« comme on laisse de côté les mots de *force vitale*,
« de *force médiatrice*... De même que le corps est un
« polypier de cellules mutuellement dépendantes, de
« même l'esprit est un polypier d'images mutuelle-
« ment dépendantes, et l'unité, dans l'un comme
« dans l'autre, n'est qu'une harmonie, un effet. » —

(1) *De l'Intelligence* p. 343. (Tome 1ᵉʳ).

L'*activité* n'est qu'un groupe d'actes ; les pouvoirs... le *moi* qui est censé posséder ces pouvoirs ne sont que des mots désignant des rapports abstraits. *Un pouvoir* n'est en effet *qu'un rapport de succession :* dire qu'un cheval a le *pouvoir* de traîner une voiture cela veut dire que « les muscles du cheval se tendent « et que le mouvement de la voiture a lieu » presque au même instant. Ma volonté a le *pouvoir* d'agir : cela veut dire que *j'ai voulu* et que l'acte suit (1). Que reste-t-il donc du moi ? « En tant que composé « de forces et de pouvoirs, le moi n'est lui-même « qu'une *entité* verbale, un fantôme métaphysique... « Il ne reste de nous-mêmes que nos événements, « nos sensations, nos images, souvenirs, idées, réso- « lutions ; l'analyse de nos jugements les plus élé- « mentaires montre que notre moi n'a pas d'autres « éléments. »

Pour accentuer encore plus fortement sa doctrine, M. Taine prend la comparaison suivante : soit une planche : je la divise arbitrairement en un certain nombre de tranches, par des lignes à la craie ; la planche n'est pas distincte de ces tranches. On ne saurait dire que la planche soit un *substratum* qui sert de support à ces tranches ; elle en est simplement le total. De même le *moi* n'est que la somme de « *mes événements* » (mes idées, mes sensations, mes actes) ; je peux à mon gré diviser ces *événements* en

(1) *Ibid.*

tranches distinctes, considérer à part mes *événements* d'aujourd'hui, mes *événements* d'hier, d'avant-hier, etc... Je constituerai ainsi dans ma vie des tranches tout idéales dont le *moi* est le total, mais dont il n'est pas distinct, puisqu'il est constitué par elles.

A cette théorie qui détruit absolument le *moi*, on peut faire l'objection suivante : « Comment la tranche du *moi* constituée par mes événements d'aujourd'hui peut-elle se rappeler, et surtout *reconnaître comme siens* mes événements d'hier, d'avant-hier ? ». *Reconnaître* une impression, ce n'est pas seulement l'éprouver une seconde fois dans les mêmes conditions que la première : c'est se dire : « *C'est bien « moi-même qui l'ai déjà éprouvée* ». Pour faire cette comparaison de ses états passés avec ses états présents, il faut que le *moi* ait *coexisté* à chacun de ces états successifs ; il faut que le *moi* ait duré sans altération pendant que ces états se succédaient sous ses yeux. Comment donc le *moi* ne serait-il que la série de ses *états* ? Conçoit-on *une série qui ferait la comparaison de ses termes passés avec ses termes actuels* ? Donc, il est évident, que le *moi* n'est pas la *série* qui se déroule, mais le *spectateur* devant qui elle se déroule.

Reste à dire ce qu'est ce *moi*, ce *spec'ateur*, ou plutôt cet *acteur* des phénomènes, distinct d'eux. Avec

Leibnitz et Maine de Biran, nous le définirons *une force*. Par ce mot de *force*, nous n'entendons pas seulement une *activité* qui agit *présentement*, mais encore une *cause* qui, même avant de produire un effet, a conscience du *pouvoir* qu'elle a de le produire. M. Taine objecte que les *pouvoirs* sont des *entités* verbales, et qu'en réalité il n'y a que des *conditions* qui permettent aux phénomènes de se réaliser. Mais la science, comme la psychologie, comme la métaphysique, parle de *forces*, de *pouvoirs*, et ne peut rien expliquer sans supposer des forces. Cette notion est aussi nécessaire à la physique, à la physiologie qu'à la philosophie. Il y a seulement cette différence que les *forces* de la nature ne me sont connues que par la réaction qu'elles exercent sur la force *moi*, tandis que le *moi* a conscience de son être, de son pouvoir et de sa permanence. C'est par le *moi* que nous connaissons, que nous mesurons les phénomènes extérieurs ; il n'est pas seulement l'un d'eux, mais leur *spectateur* et leur *contrôleur*.

II

L'insuffisance des explications données par les *phénoménistes* pour rendre compte du *moi* a frappé un célèbre psychologue contemporain, très peu favorable cependant à la psychologie des Écossais et

de Maine de Biran. « Le *moi*, » dit M. Ribot, « n'est
« pas un simple faisceau de perceptions... il y a là
« un *oubli grave*, celui des rapports entre les états
« primitifs. Le rapport est quelque chose de plus et
« d'autre que les deux états qui se limitent » (1). En
un mot, l'unité toute fictive et abstraite de la succession chronologique ne saurait rendre compte —
(comme le croient les phénoménistes,) de l'acte de
conscience par lequel j'affirme l'unité réelle du *moi*.
Toutefois, ajoute M. Ribot, si le *moi* est autre chose
qu'un *total* numérique de phénomènes, s'ensuit-il
qu'il soit une substance ? Ne serait-ce pas une simple
harmonie, un *consensus* entre les états organiques ? (2)
Une harmonie est *une* et *indivisible*, comme le *moi* ;
cependant elle n'est pas une substance distincte des
phénomènes et elle périt avec eux.

Cette objection contre l'existence substantielle du
moi est au fond la même que Simmias, dans le Phé-
don, opposait à Socrate. Mais aujourd'hui, ce n'est
plus à titre de simple hypothèse que des philosophes
de l'école psycho-physiologique la reproduisent ; ils
cherchent à l'appuyer sur des faits scientifiques.
D'après M. Ribot, la personnalité pourrait se définir
une cénesthésie ; c'est-à-dire qu'elle est, — ou n'est
peut-être, — que la conscience synthétique de mes
sensations et de mes états organiques. Cette cons-

<hr>

(1) Ribot. — *Maladie de la personnalité*, p. 99.
(2) *Ibid.* p. 95 et suiv. p. 172.

cience est fondée précisément sur l'harmonie et la coordination de ces états organiques (1).

Pour prouver la vérité de cette thèse, M. Ribot montre, à l'aide de faits pathologiques avérés, que la conscience de la personnalité varie avec le degré d'harmonie organique, *diminue* proportionnellement au trouble des fonctions cérébrales, renaît quand l'harmonie de ces fonctions se rétablit, disparaît entièrement, se dédouble, se triple quand la désorganisation des centres nerveux est à peu près complète. Ainsi le « *consensus* de la conscience est subordonné « au *consensus* organique » (2) et la personnalité dépend du corps.

Au premier abord cette doctrine semble matérialiste. Pourtant, à y bien regarder, elle n'est nullement inconciliable avec la croyance à une substance spirituelle qui animerait l'organisme et serait le principe de la pensée : M. Ribot le reconnaît expressément (3). « Cette théorie, » dit-il, « peut s'adapter à « une métaphysique quelconque... Nous essayons de « réduire la personnalité consciente *à ses conditions* « *immédiates, l'organisme.* Quant aux conditions dernières de ces conditions, nous n'avons rien à en dire « ici, et chacun est libre de les concevoir à sa guise ». Cette profession de neutralité, un peu dédaigneuse dans la forme, est du moins précieuse à noter. Il im-

(1) *Ibid.* p. 91.
(2) *Ibid.* p. 172.
(3) *Ibid.* p. 169.

porte d'en prendre acte pour déterminer la nature du problème et la manière dont il doit être posé. L'auteur veut démontrer que l'organisme est la condition *nécessaire* de la conscience de la personnalité ; mais il n'affirme en aucune façon que ce soit la condition *suffisante*.

Toutefois, si les explications physiologiques de la personnalité n'*excluent* pas la croyance à l'existence d'une substance *spirituelle* et *libre*, reste à savoir si elles ne rendraient pas cette croyance *inutile*. Il importe donc d'examiner avec soin les faits cités par M. Ribot. Nous essaierons de montrer que de ces faits eux-mêmes doit résulter non pas la *neutralité* mais la croyance à l'existence d'un *moi* uni au corps et cependant distinct de lui.

Ces faits peuvent se ramener à trois classes :

1° Les cas où les malades passent ou croient passer par deux états de conscience absolument différents (la double personnalité *alternative*).

2° Les cas où les malades croient avoir définitivement changé de personne.

3° Les cas où les malades croient être à la fois plusieurs personnes :

(Ces derniers cas sont ceux qui coïncident avec les lésions cérébrales les plus graves.)

Au premier cas se rattache l'exemple connu de la dame Américaine dont le docteur Mac-Nish a raconté le cas singulier (1). Elle avait oublié, après un long sommeil, les objets, les personnes ; à plus forte raison elle avait oublié ses lettres. Quelques mois après, à la suite d'un autre profond sommeil, elle retrouva tous ses souvenirs : mais elle ne savait plus rien de ce qu'elle avait vu ou appris dans l'intervalle des deux sommeils. Toutefois, elle n'a jamais dit qu'elle eût cru être une autre personne, après le retour de ses souvenirs, qu'avant de les avoir perdus. Il n'y a donc là que des changements *d'état*, non des changement de personnalité.

On en peut dire autant d'un jeune homme hystéro-épileptique, dont M. Ribot emprunte l'histoire aux annales Médico-Physiologiques (janv. 1887). A l'âge de dix-sept ans, il avait été condamné pour vol, et envoyé dans une colonie pénitentiaire à Saint-Urbain. Un jour, pendant qu'il travaillait aux champs, il fut saisi d'une frayeur subite, à la vue d'une vipère, et perdit connaissance ; ses crises se renouvelèrent, et, à la suite, il fut pris d'une paralysie des jambes ; on le transporta alors à l'asile de Bonneval, où il apprit à coudre. Il s'y montra doux, honnête, honteux de sa vie passée, et parlait de ses vols avec un sincère regret. Survint une attaque *d'hystéro-épilepsie ;* la paralysie fut guérie, mais il perdit le souvenir de tout ce qu'il avait fait ou vu pendant sa

(1) V. Taine, *ibid.* p. 165. 1. vol. — Ribot *ibid.* p. 79, 80. Rapprocher cet exemple du cas de Félida, non moins célèbre, et cité par les mêmes auteurs d'après le docteur Azam.

période de paralysie. Il se croyait encore à Saint-
Urbain ; il avait oublié la couture, et était redevenu
ce qu'il était à Saint-Urbain, grossier, gourmand,
querelleur. Il vola soixante francs, et s'enfuit de Bonneval. On le ratrappe, on l'enferme à Bicêtre ; il s'évade
encore, et va s'engager dans l'infanterie de marine à
Rochefort. Là, il vole de nouveau ; et, bientôt après,
il est repris d'une crise *d'hystéro-épilepsie*. On le mit
alors entre les mains de deux éminents praticiens,
M. Bourru et Burot, qui firent sur lui de curieuses
expériences. A l'aide de procédés physiques de trans-
fert, (acier, fer doux, aimant, électricité), ils ont produit tour à tour chez lui différents états nerveux: si
les expérimentateurs produisaient l'hémiplégie ou
l'hémianesthésie à droite, le malade n'avait plus que
ses souvenirs de Saint-Urbain, et son caractère
était violent, comme pendant son séjour à Saint-
Urbain : si l'hémianesthésie était à gauche, il n'avait
plus que ses souvenirs et son caractère de Bonneval (1). Par la suggestion, on obtenait les résultats
analogues : on l'endormait, et, suivant qu'il recevait
l'ordre de se réveiller à Bicêtre ou à Bonneval, il se
réveillait avec le caractère et les souvenirs de Bicè-
re ou avec le caractère et les souvenirs de Bonneval (2).

Certes, ce sont là des faits curieux ; mais enfin ce

(1) Ribot, *ib.* p. 84 et suiv.
(2) *Ibid.*

ne sont que des changements d'état, des éclipses et des retours périodiques de mémoire : en quoi *l'identité* de la personne est-elle altérée ? Le sujet, dans chacun de ses états, se rappelle les souvenirs des faits accomplis dans les phases précédentes de l'état analogue, et il se les attribue *à lui*, non à *un autre ; il se sent donc être la même personne.* Ce qui résulte des faits de ce premier groupe, c'est que les états cérébraux déterminent ou contribuent à déterminer des états du *moi*, mais le *moi* leur survit, fait leur jonction ; il n'y a pas de *solution de continuité dans le moi* quoiqu'il y ait solution de continuité *dans ses souvenirs.* Mes états sont miens : ils ne sont pas le *moi.* La désorganisation cérébrale désorganise donc le *mien,* non le *moi :* et si le *moi,* même dans ces états morbides, résiste à toute désorganisation, ne serait-ce pas la preuve qu'il n'est pas un simple *orga nisme* un *consensus ?*

Les faits du deuxième groupe vont-ils modifier cette conclusion ? Là, il semble en effet que l'individu croit avoir changé de personne.

L'exemple le plus souvent cité, comme altération de la personnalité, est celui de la névropathie cérébro-cardiaque. Le changement qui se produit dans le sentiment général du corps est profond ; on croit ne plus avoir de poids ; on se sent comme séparé de l'univers. Un malade disait : « J'ai perdu la cons-

« cience de mon être ; je ne suis plus *moi-même.* » —
Un autre disait : « Je sens un *moi* qui pense et un
« *moi* qui existe ».

Ces faits sont cités par M. Taine et par M. Ribot,
d'après le docteur Krishaber, qui a étudié avec soin
cette maladie. Seulement le docteur Krishaber
ajoute un fait, qui a trop souvent passé inaperçu, et
qui est ici de première importance : c'est que les
malades disent *n'avoir jamais été dupes de cette illusion* (1). Le malade *s'imagine* donc, mais ne croit
pas avoir changé *de personne :* la *conviction de l'identité* est telle qu'elle résiste à la force hallucinatoire
des *représentations cérébrales.*

Toutefois, cette rectification de la conscience malade par la conscience inaltérable ne semble pas se
trouver dans les exemples suivants :

Le père Lambert, ancien soldat, blessé à Austerlitz,
s'imaginait qu'il était mort. Il appelait son corps *une
mauvaise machine faite à l'image du père Lambert* (2).

Un aliéné de la maison de Vanves s'imaginait de
temps en temps être son propre frère, et disait aux
gardiens. « Je suis le lieutenant Nabon, j'arrive
« d'Afrique ; je viens ici remplacer mon frère. » Au
bout d'un certain temps, il reprenait son vrai nom ;
puis, après un laps d'environ 18 mois, il redevenait
le lieutenant Nabon (3).

(1) TAINE. *Rev. Phil.* 1876.
(2) RIBOT. — *Ib.* p. 37.
(3) *Ibid.* p. 66.

On connaît aussi l'exemple de cette marchande de poisson qui se croyait reine : elle racontait qu'elle avait d'abord été marchande de poisson, mais qu'elle était actuellement Marie-Antoinette.

Tels sont les faits que l'on a coutume d'appeler des faits de *double* personnalité ; eh bien, ici encore, il nous semble que l'altération de la conscience, loin de prouver la disparition de *moi*, prouve au contraire, sa permanence. Si le vieux soldat d'Austerlitz se trouvait fait à l'*image du père Lambert*, d'après quoi en jugeait-il ? D'après ses *souvenirs personnels*. Donc il en avait. Il se comparait avec lui-même ; or, ce n'était pas par *ouï-dire* qu'il se souvenait du père Lambert ; il avait donc conscience d'avoir été celui qui portait jadis ce nom. Le prétendu lieutenant Nabon croyait avoir un frère à l'asile de Vanves ; ce frère, c'était lui ; mais d'où lui venait l'idée d'un malade enfermé à Vanves ? Encore ici, il n'y a qu'une réponse : *de ses souvenirs personnels*. Même explication pour la marchande de poisson. Elle croyait n'être plus la personne qu'elle avait été ; mais c'est bien *elle-même* qui avait passé par les deux personnalités. En un mot, plus le *moi* affirme avoir changé, plus il prouve sa *permanence* ; car, pour juger d'un changement survenu en ma personne, il faut que j'ai passé moi-même par les deux états. Pour se dire : « *C'est moi qui ai été deux personnes* ; » il faut avoir conscience d'avoir été la même personne dans ces deux rôles. Il y a contradiction dans la pensée, mais il n'y a pas oubli de l'ancienne personnalité.

Venons maintenant aux altérations plus graves de la conscience. Elles se présentent quand la désorganisation cérébrale arrive à produire la démence. « Les déments, dit M. Ribot, se croient doubles, « agissent comme doubles ; — l'un dit : je suis rassa- « sié, mais non pas l'*autre* (1). Un dément veut un « jour étrangler un enfant, et accuse l'*autre* de ce « crime ; il tente de se suicider, pour tuer l'au- « tre (2). » Un cas encore plus étrange est celui d'un dément qui ne percevait ses propres actes qu'extérieurement : s'il marche, il voit marcher quelqu'un devant lui (3).

En face de ces faits étranges, faut-il abandonner nos conclusions précédentes ? Il nous semble que non. Même ici, la conscience du *moi* est plutôt troublée que perdue. Ces déments se croient doubles ; mais ce *double*, ils s'en attribuent à eux-mêmes la société. Il n'est pas étonnant, d'ailleurs, qu'ils attribuent à d'autres leurs propres mouvements ; ils voient ces mouvements se faire, et en même temps ils ne sentent pas l'action de leur volonté sur leur corps, *parce qu'ils ne sont plus libres* ; ils doivent donc conclure à d'autres agents pour expliquer des

(1) Ribot, — *ib*. p. 139 et s.
(2) *Ibid.*
(3) *Ibid.* p. 144.

faits qu'ils voient et dont ils ne se sentent pas cause. Mais cette conclusion, tirée de l'inertie de leur propre volonté, prouve précisément qu'ils ont encore conscience de leur volonté et de leur *moi*.

Concluons donc que, si nulle désorganisation ne peut détruire le *moi*, il est autre chose qu'une cénesthésie. La *cénesthésie* du malade est profondément différente de celle de l'homme sain ; mais le *moi* du malade est la même personne qu'avant sa maladie. Toute la différence, c'est que le *moi* voit trouble. Au lieu de parler des maladies de la *personnalité*, il serait plus exact et plus scientifique d'appeler ces maladies *altérations de la conscience*. La conscience n'est pas le *moi* ; on a tort de les confondre ; elle est la connaissance du *moi*, et non le *moi*. Le *moi* cesse-t-il d'exister parce qu'il est mal connu de lui-même ?

Ces conclusions seraient-elles infirmées si la science venait à constater des troubles de conscience encore plus graves ? Non, puisque les troubles de conscience ne détruisent que la *connaissance* et non l'*existence* du *moi*. Cette même distinction empêche également de conclure de la *pluralité des centres organiques de conscience* à la *pluralité*, à la *division* du *moi*. On a constaté cette pluralité des *centres* de conscience dans certains cas d'hypnotisme. Des impressions, qui ne vont pas jusqu'au cerveau, provoquent des réactions conscientes. Ainsi, on hypnotise un sujet; on insensibilise son bras droit: on s'assure en le piquant, en le brûlant, que cette *anesthésie* du bras est complète. Pendant que l'opérateur cause avec le patient et absorbe son activité cérébrale, un second opérateur, caché par un écran, prend la main droite, lui met un crayon dans les doigts, et lui fait écrire des questions. Cela fait, le patient, de lui-même, écrit la réponse à ces questions. Donc les questions ont été comprises, et, partant, les impressions produites par le crayon, la forme des lettres tracées, les mots n'ont été perçus que par les centres nerveux secondaires, (par exemple par les ganglions de la moelle épinière). On en conclut nécessairement qu'il y a des centres *subalternes* de conscience.

Tels sont les faits. Supposons-les bien observés; que prouveraient-ils contre la simplicité du moi? Puisque, dans l'état normal, ce principe simple est en communication avec le monde extérieur par une *masse étendue*, l'encéphale, pourquoi ne serait-il pas aussi bien en rapport avec le monde par d'autres portions de la substance nerveuse? Le *moi* est-il changé parce qu'à l'insuffisance momentanée d'un organe il supplée par un autre?

En résumé, tous les faits que l'on a observés ou que l'on peut observer ne prouveront jamais que des variations, des altérations, des dédoublements, des localisations anormales dans les *faits psychologiques*, mais ne prouveront jamais que le *sujet* de ces faits ait changé ou soit dédoublé. L'expérimentation n'atteint pas ce sujet ; et, pour la conscience, lorsqu'elle est troublée par la maladie, elle ne le perçoit plus que très mal ; son témoignage cesse d'avoir de la valeur dans les cas pathologiques, et c'est précisément sur ces cas que l'on raisonne pour *nier le moi*.

III

Ni la psychologie ni la science n'ont donc opposé et ne sauraient opposer d'objection valable contre la croyance du sens commun à l'existence du *moi* et de la personnalité humaine. Mais, à côté des négations qui prétendent s'appuyer sur l'expérience, il y a les négations *à priori*, fondées sur l'hypothèse *panthéiste* (ou *moniste*, comme on dit aujourd'hui), — hypothèse qui, à toute époque, a rencontré des défenseurs, et que, de nos jours encore, certains penseurs nous donnent comme le dernier mot de la métaphysique la plus profonde. Le postulat de ce système, c'est que « *Tout n'est qu'Un.* » — « La *pluralité* « n'est que *relative* ». Elle n'existe, disent ces penseurs, que par une abstraction de l'esprit : ce que nous prenons pour des êtres *distincts* sont des parties du Grand-Tout, ou bien ce sont ses modes, ses manifestations. Ma personne ne fait pas exception ; elle n'est qu'un élément du Tout ; elle est mue et gouvernée par la loi fatale de l'Être unique en qui elle est absorbée et dont elle n'est qu'un mode.

Dans une telle doctrine, que devient la responsabilité morale ? « Au suprême sommet des choses, » dit M. Taine, « au plus haut de l'éther lumineux et « inaccessible, se prononce l'axiome éternel ; et le « retentissement prolongé de cette formule créatrice « compose, par ses ondulations inépuisables, l'im« mensité de l'Univers (1). » Nos actions, nos volitions ont, comme tout le reste des phénomènes naturels, été *prononcées* par *avance* dans cet axiome dont elles sont le retentissement : et l'on peut dire que « *l'homme est un théorème qui marche* (2). »

C'est dans cette identité présumée de l'homme et de l'Univers que le déterminisme trouve son véritable principe. Le monisme est le postulat (énoncé ou sous-entendu) de toute doctrine qui nie la *responsabilité humaine*. Là est le danger : danger d'autant plus grand que l'hypothèse moniste, — malgré les contradictions qu'elle renferme, — a je ne sais quelle poésie enchanteresse qui a séduit plus d'un esprit profond et plus d'une noble intelligence. Nous ne craignons pas de dire que, si le *monisme* est une des plus dangereuses erreurs, cette erreur n'est cependant que l'abus d'une vérité fondamentale, d'une

____

(1) Taine. — *Les philosophes français.* — Ch. xiv p. 361.
(2) *Ibid.* p. 354.

vérité qui est l'âme même de toute science et de toute philosophie : et, cette vérité, c'est qu'en toutes choses il faut chercher l'*unité* sous la variété, l'*unité de cause*, l'*unité de but*. Dans cette *unité* réside l'*harmonie* des choses, l'*Ordre*, en un mot, identique au *Vrai* comme il est identique à la *Bonté* et à la *Beauté*. Mais, à force de chercher l'*unité*, les monistes ont oublié la *variété;* à force de chercher les *ressemblances*, ils ont perdu de vue les *différences* : de sorte qu'à l'*unité d'harmonie* et de *cause* ils ont substitué l'*unité de substance*, l'*unité de l'Être*. Or, n'est-ce pas détruire toute harmonie que de confondre ensemble tous les éléments qui la composent? Identifier les termes d'un rapport, n'est-ce pas détruire le rapport lui-même, et réduire ainsi la vérité à une abs· traction vide ou à une série d'intelligibles contradictions?

Ce sont ces contradictions que nous allons essayer de montrer dans la conception d'un *Être unique*, d'un Être existant seul, à l'exclusion de *tout autre être réel ou même possible*. En quelque façon que les différentes écoles *monistes* l'entendent, cette conception se détruit par elle-même.

La forme la plus simple, la plus naturelle du *monisme*, la seule peut-être, — (car les autres ne sont, semble-t-il, que des subtilités inventées pour échapper aux contradictions manifestes du système), — c'est de concevoir Dieu, l'homme, la Nature comme les parties d'un seul être, le Grand-Tout, que les panthéistes ont encore appelé l'*Un-Tout*. La forme même de ce *mot*, l'*Un-Tout*, met la contradiction dans tout son éclat. Un *tout* n'est pas *un*; un *tout* est *plusieurs*, car il est une somme de plusieurs éléments. Il est vrai, par une fiction grammaticale le mot *Tout* est *singulier*, comme tous les termes collectifs; et cette fiction d'ailleurs a sa raison d'être : car, si les termes de la collection sont *plusieurs*, la collection est *une*; les termes sont *réunis, liés ensemble*. Mais est-il possible de confondre sérieusement cette unité de liaison avec l'unité d'être? L'unité de *liaison* est, si l'on peut parler ainsi, *indivisée*, mais elle n'est pas *indivisible*; au contraire l'unité *d'être*, l'unité de *personne*, la véritable unité (comme celle du moi), est à la fois *indivisée* et *indivisible*. Telle n'est pas, évidemment, l'unité de la nature; si bien ordonnées, si bien liées qu'en soient les parties, *l'une n'est pas l'autre*; l'une pourrait périr sans que les autres fussent anéanties. La nature n'est donc bien qu'une *collection*, non une *personne* un *Être*. Ce n'est que par métaphore que nous en parlons comme d'un Être. Il est vrai que la collection est merveilleusement organisée; elle prouve *l'unité* de *l'idée directrice*, l'unité de *l'organisateur*, mais non l'identité des parties entre elles et encore moins leur *identité avec l'organisateur*. Si l'idée d'organisation implique *l'unité dans la variété*, elle implique réciproquement la variété, la *pluralité* des éléments organisés. La direction suppose *l'unité* dans l'être qui dirige et la *pluralité* des êtres qui sont dirigés. En un mot, *l'unité de l'Univers n'est qu'une unité* IDÉALE *qui implique une pluralité* RÉELLE.

Pour échapper à cette conclusion, il n'y a que deux hypothèses possibles : ou bien, avec les Eléates, on supposera que la *multiplicité*, la *variété* qui nous apparaît dans l'Univers n'est qu'une *illusion* et que l'Être réel est *Un*, *indivisible*, immuable ; — ou bien on supposera qu'il y a réellement *multiplicité*, *pluralité* dans l'Univers, mais que cette multiplicité s'explique par la *pluralité des modes* ou *manifestations* d'un Être Unique ; ainsi, pour Spinoza, les hommes, la nature sont des *modes* de Dieu ; pour Schopenhauer et Hartmann, ce sont des manifestations de la *Volonté Absolue* qui seule existe comme *force* et comme *substance*.

Nous pensons que ni par l'une ni par l'autre de ces deux hypothèses on ne saurait éviter la nécessité inéluctable d'avouer la *pluralité des êtres*.

Cette pluralité, diront les idéalistes, n'est qu'une *apparence*. — Accordons-le pour un instant, et raisonnons dans cette hypothèse. Une apparence suppose *quelque chose* qui apparaît à *quelqu'un*. A qui donc l'Être simple et immuable apparait-il comme multiple et varié ? Est-ce à lui-même ? Est-ce à d'autres ? A lui-même ? Mais comment s'apparait-il à lui-même tel qu'il n'est pas ? Ce serait admettre que l'illusion est la loi de l'Être Universel : il n'y aurait plus nulle part ni science ni vérité. C'est donc à d'autres que l'Être apparaît comme multiple… et par conséquent…, il y a des AUTRES ; il existe d'autres que lui ; les êtres sont *plusieurs*, et ne se réduisent pas à un seul. On retombe nécessairement dans cette inévitable conclusion, par les efforts mêmes que l'on tente pour y échapper.

Reste la dernière hypothèse : le multiple est réel ; mais cette multiplicité n'est que dans les *modes* ou dans les attributs de l'Être unique. Ce que nous prenons pour des *êtres* différents ne sont que ses différentes *manières d'être* (Spinoza).

Ici encore nous voyons une insoluble contradiction. Un Être unique, un Être qui ne serait en rapport ni avec *d'autres êtres réels*, ni avec *d'autres êtres possibles*, — ne saurait avoir différentes manières d'être. Nos manières d'être ne diffèrent entre elles que par la différence des objets avec lesquels nous sommes en rapport et sur lesquels s'exerce notre activité. Ma pensée ne se modifie que si elle change d'objet, ou si elle connaît mieux le même objet, ou si elle s'y applique davantage ; et, si elle s'y applique mieux, c'est que l'objet exerce sur elle plus d'attrait. Mes sentiments ne se modifient, je ne passe de l'amour à la haine que si je considère tour à tour une personne bonne et une personne méchante, ou si mon opinion sur une même personne a changé. En un mot, *toute modification du moi est déterminée par la diversité de ses rapports avec le non-moi*. L'UN ne peut se modifier que dans ses rapports avec

L'AUTRE. Donc, aucune diversité ne saurait exister dans un Être qui, par hypothèse, serait *seul possible*.

Cette loi, que nous constatons par des exemples empruntés à notre activité, peut-elle s'appliquer à Dieu? Oui; car nous sommes faits à l'image de Dieu; (et le *monisme* va même jusqu'à nous identifier avec Dieu). La loi de la pensée et de l'activité humaine, pour nos adversaires comme pour nous, sera donc la loi de l'Être absolu; tous ses *modes*, toutes ses *manifestations* sont des rapports avec des *êtres extérieurs à Lui*. Immuable dans ses rapports avec Lui-même, ses actes à l'égard de ses créatures sont multiples, divers, variables; il les a appelées à l'existence en différentes régions de l'espace, à différentes époques de la série des temps. Sa Providence s'étend à tous: mais son amour pour nous s'accroît avec notre mérite moral. Avant même qu'il eût appelé l'Univers à l'existence, il le connaissait; il en voyait les lois dans ses Idées éternelles, dans son Verbe divin; il aimait son œuvre par avance, et c'est par l'effet de cet amour qu'il a créé. Donc, même en Dieu, on peut dire que l'activité de l'UN implique l'existence *idéale* ou *réelle* de l'AUTRE. Cet autre, c'est le *fini*; c'est ce qui est par son activité créatrice, par conséquent ce qui est distinct de Lui. L'existence nécessaire de Dieu a pour corrélatif également nécessaire l'existence *réelle ou possible* d'êtres qui ne sont pas Dieu. Ainsi un Être, même Infini, ne peut être condamné à *la nécessité d'exister seul*.

7

En résumé le *monisme*, quand on fait l'analyse de sa conception fondamentale, est aussi contradictoire, dans l'ordre métaphysique, qu'il est contraire à l'expérience et à la conscience morale. Contre cette hypothèse se dresse le fait indiscutable d'une existence réelle et distincte, la *substance-moi*, la personnalité humaine, et l'impossibilité de confondre la personne des uns avec la personne des autres. Tous les hommes sont des *centres d'action indépendants ;* et c'est pour cela que chacun est *responsable* de ses propres actes (1).

(1) Le seul fait de poser le problème du monisme en suppose la solution négative. Car, si j'étais Dieu je le saurais avec évidence et je n'aurais pas à chercher si je le suis. Je cherche, donc j'ignore : et mon ignorance ne peut-être ni un attribut ni un mode de l'Omniscience divine. Dira-t-on qu'elle en est une division ? Mais Dieu est indivisible ; ses attributs et ses modes le sont aussi.

DEUXIÉME SECTION

EXAMEN DES SYSTÈMES NOUVEAUX CONSIDÉRÉS DANS
LEURS CONSÉQUENCES

CHAPITRE PREMIER

CONSÉQUENCES MORALES

I. *Conséquences des doctrines de l'école italienne* : elles aboutissent à
justifier tous les actes que la loi ne punit pas, et même tous ceux
qui, prévus par la loi pénale, peuvent rester secrets.

II. *Conséquences des doctrines morales des évolutionistes.* — Absence d'autorité et d'obligation dans la morale évolutioniste. — Absence de mérite et de responsabilité. — Danger pratique de toute
morale fondée sur le déterminisme.

III. *Conséquences des doctrines critiques.* — L'ignorance *absolue* sur
le mérite moral des autres hommes rendrait tous les rapports impos-
sibles entre les citoyens.

I

En exposant, dans la première partie de ce travail,
les doctrines déterministes sur la responsabilité,
nous avons voulu rester dans notre rôle de simple

rapporteur. Nous avons donc évité, autant que possible, de faire ressortir les conséquences qu'elles
renferment implicitement : Il fallait discuter ces
doctrines dans leurs principes théoriques avant de
les réfuter par leurs conséquences pratiques : autrement, nous aurions semblé croire, avec les disciples
de la critique, que la *raison pratique* peut seule nous
fournir des arguments en faveur de la liberté, et
qu'il faut abandonner au déterminisme le terrain de
la raison spéculative et de la science. Mais maintenant que nous avons vu combien, même devant la
raison spéculative, le déterminisme est insoutenable, nous pouvons aborder la question pratique.
Il faudrait que nous fussions singulièrement indiffé-
rents au Bien et à l'intérêt moral de l'humanité pour
nous taire sur le danger que les doctrines nouvelles
font courir à la moralité individuelle et à la civilisation. Cherchons donc quelles seraient les conséquences morales et les conséquences sociales qui
s'en dégagent, et ce que deviendrait le sens moral,
ce que deviendraient nos lois, nos institutions si
jamais les négations de la responsabilité morale
venaient à prévaloir.

Occupons-nous dabord des conséquences morales.

De toutes les écoles que nous avons étudiées, celle
qui nie le plus radicalement la responsabilité morale est l'école italienne. Sa morale, c'est la substitution pure et simple du gendarme à la morale.

Etre responsable, c'est uniquement « *se mettre sciemment dans le cas d'être puni* (1) ». Donc la morale n'a rien à voir aux actes qui échappent à la répression légale. La première conséquence est qu'il n'y a pas de *devoirs envers Dieu*, puisque la loi de l'Etat n'a rien ordonné, rien sanctionné au sujet de ces devoirs. Or, qui osera assurer que la société serait mieux ordonnée, que la moralité individuelle serait meilleure si les hommes ne croyaient plus en Dieu et se désintéressaient absolument de toute religion ? L'irréligion universelle serait-elle un progrès moral et un progrès intellectuel ? Comme réponse à cette question, nous n'invoquerons pas le témoignage des philosophes chrétiens ni même des simples déistes ; c'est à M. Taine que nous empruntons ces lignes sur l' *efficacité morale* du christianisme : « Il n'y a que lui pour nous retenir sur notre « pente natale.., pour enrayer le glissement insen- « sible par lequel notre race rétrograde vers ses bas « fonds : et le vieil Evangile est encore aujourd'hui « le meilleur auxiliaire de l'instinct *social* (2) ». Comme conclusion, l'historien incrédule prédit pour un prochain avenir la fin du christianisme et la décadence de la société. Il lui semble impossible que le christianisme vive longtemps, et impossible que la société vive sans lui ou du moins échappe à

---

(1) 11. STUART MILL. — *Phil. d'Hamilton.*
(2) TAINE. — *Origi. de la France contemporaine,* t. VI, p. 119.

la corruption que la disparition du christianisme amènera. Ainsi les conséquences des doctrines *déterministes* sont funestes, même aux yeux de ceux qui croient ces doctrines vraies en théorie et scientifiquement démontrées. N'est-ce pas une raison de se demander si elles sont réellement *démontrées*? Est-il vraisemblable que la vérité soit funeste et que, là où est la moralité et la civilisation, il n'y ait qu'erreur ou mensonge? Il faudrait dix certitudes pour une, avant de vouloir détruire les croyances en dehors desquelles la société ne peut vivre.

Une autre classe de devoirs que la loi ne sanctionne pas, et qu'il faudra par conséquent considérer comme chimériques, ce sont nos devoirs envers nous-mêmes. Ces devoirs seront donc de simples préjugés. Comme conséquence dernière, mais très logique, le suicide devient permis.

Du moins restera-t-il des devoirs envers les autres hommes? Oui, des devoirs de justice, car la loi les sanctionne ; des devoirs de charité? Non, car la loi ne les sanctionne pas. Dira-t-on qu'un avare égoïste est responsable, sinon devant la loi, au moins devant l'opinion? Non pas toujours ; s'il est assez habile pour se faire croire pauvre — ce qui est assez ordinaire chez les avares, — l'opinion ne le flétrira pas ; elle le plaindra.

On voit ce que devient la morale si, en échappant à la répression, on échappe à la *responsabilité*. D'ailleurs, il y a deux manières d'échapper à la répression ; la première est de ne pas commettre les actes punis par la loi ; la seconde est de s'assurer l'*incognito* pour les commettre. Si la responsabilité consiste à *s'exposer à la réaction de la société*, — le criminel qui s'est soustrait à la loi ne sera pas responsable. Dira-t-on qu'il est responsable en *droit*, sinon en fait? Mais qu'est-ce que le *droit*, dans cette doctrine? Est-ce l'intérêt général? Mais l'intérêt général n'est, d'après l'école dont nous parlons, qu'un *fait* ; le droit de légitime défense n'est qu'*une loi* de *la nature* : la société a besoin de se défendre ; soit ; mais le criminel a besoin de se soustraire à la répression sociale ; si le besoin de se défendre constitue un droit, le malfaiteur a le même droit pour se cacher que la société pour le chercher.

II

Si l'idée d'*obligation* purement morale est absente chez Stuart Mill et chez les philosophes de l'école italienne, l'école évolutioniste, nous l'avons vu, a tâché de combler cette lacune. Bain, Spencer, considèrent la conscience comme un *tribunal interne fait à l'image de la société*, blâmant ce que la société punit ou punirait si elle pouvait l'atteindre. M. Fouillée, complétant cette doctrine, regarde la conscience comme un miroir où se reflètent les lois mêmes de l'univers, *approuvant ou condamnant ce qui favorise ou ce qui empêche le progrès de l'humanité et l'évolution générale du monde.*

Il y a donc une *loi* morale, une *loi* naturelle ; cette loi est la loi même de l'évolution, qui est innée à ma raison, dont ma raison comprend la bonté, et que je ne peux violer sans que ma raison me désapprouve. Jusqu'ici, l'accord est complet entre la morale évolutionniste et la morale spiritualiste. Mais reste à examiner : 1° quelle est l'autorité de cette loi ; 2° comment je puis être responsable devant elle, si je ne suis pas libre ?

Pour que la loi *idéale* du développement de l'Univers ait autorité pour me commander, il faut qu'elle soit bonne. Est-elle meilleure que les tendances égoïstes qui, parfois, m'entraînent à contrarier les fins de l'Univers ? — Elle est meilleure, dira-t-on, parce que c'est la loi du Tout. Soit — mais en quoi le Tout est-il meilleur que la partie ? Il est plus grand ; est-ce une raison pour qu'il soit meilleur ? De quel droit conclure de la *quantité* à la *qualité ?* Dira-t-on que les tendances générales de l'Univers conspirent à l'ordre, et que parconséquent elles sont bonnes ? Oui, *si l'Univers est l'œuvre d'une cause intelligente,* s'il y a une *finalité* dans la nature, un dessein dans la pensée de son auteur. Mais si on fait comme Spencer, abstraction de Dieu, si on le relè-

gue dans *l'inconnaissable* (1) ou si n'en fait qu'un
Idéal (ce qui est le nom philosophique du néant),
quelle raison aura-t-on de croire que le plan de
l'évolution est *bon* et concourt à l'ordre? Savons-
nous si le développement inconscient des forces
cosmiques amènera le bonheur ou le malheur de
l'humanité? Est-ce le progrès du passé, est-ce l'état
présent du monde qui nous répond de l'avenir?
Ce serait une faible garantie : le passé, le présent
m'offrent le spectacle de grands maux. Si certaines
souffrances ont diminué, il en est d'autres qui aug-
ment avec la civilisation. La sensibilité à la douleur
physique est plus vive chez l'homme civilisé que
chez le sauvage. Les ambitions, les inquiétudes, les
tristesses sont souvent en proportion de la culture
intellectuelle. S'il n'y a pas un Dieu, une vie future,
un devoir en cette vie même, l'existence est plutôt
un mal qu'un bien. Si tout se mesure à l'expérience,
c'est-à-dire à la quantité de plaisir et de douleur,
le pessimisme aura raison ; l'homme intelligent est
plus malheureux que l'idiot ; l'homme, en général,
souffre plus que l'animal : l'animal qui souffre, est
moins heureux que le végétal et le minéral. On vante
l'évolution ; on espère en elle : et on ne voit pas que
l'évolution, en faisant passer la nature insensible à
la vie, la vie animale à la vie humaine, l'état sauvage

_____

(1) Hâtons-nous de dire que parmi les évolutionistes, plus d'un
comme Wallace, Owen, ne font pas abstraction de Dieu et n'expliquent
l'évolution que par l'action du créateur.

à l'état civilisé, l'évolution est cruelle dans ses résultats ; elle marche de la souffrance nulle à la souffrance, et de la souffrance moindre à la souffrance plus grande ; l'évolution, ainsi conçue, ainsi réduite à elle-même, est haïssable. On répondra que la pensée est par elle-même un grand bien, et qu'elle compense par sa noblesse, par sa valeur absolue, l'augmentation de la souffrance. Oui, la pensée est grande et noble... si par elle l'homme est l'image de Dieu, si par elle il travaille à se rapprocher de Lui ; mais si la pensée n'est qu'une simple combinaison des forces naturelles, en quoi vaut-elle mieux que le plaisir ? Et quelle preuve a-t-elle de sa conformité à la vérité ? Si notre cerveau, si notre raison ne sont pas l'œuvre de Dieu, qui sait si ce ne sont pas des instruments d'erreur ? Il y a même une infinité de chances pour qu'il en soit ainsi ; car il n'y a qu'une vérité, et il y a une infinité d'erreurs possibles. *Une cause première infiniment sage a seule pu constituer les molécules de mon cerveau et les lois de ma raison de manière à réaliser la chance unique de véracité parmi une infinité de chances d'erreurs.*

Ainsi la nature et ma pensée n'ont de valeur que si Dieu est ; l'évolution de l'univers, le progrès de la pensée ne sont un idéal digne de nos désirs et de notre amour que si Dieu en garantit la vérité et la bonté. L'évolutionisme nous propose pour toute loi morale l'amour de cet idéal dont le système détruit toute la valeur. Il n'explique donc pas la bonté de la loi morale, pas plus qu'il m'explique *l'obligation* ni la *responsabilité*. Les défenseurs de cette doctrine espèrent, il est vrai, que la morale de l'avenir pourra se passer de loi et d'obligation, et que l'humanité arrivera à faire spontanément, nécessairement par la seule vertu de l'instinct social accumulé, ce qu'aujourd'hui l'homme fait par devoir. Il est bien douteux que l'instinct social arrive jamais chez l'homme à cette domination sans lutte et à ce mécanisme du dévouement mutuel. Si l'évolution doit en arriver là pour l'homme, pourquoi ce jour n'est-il pas encore venu? Il y a si longtemps qu'il est venu pour les abeilles et les fourmis ! Non, l'idéal de l'humanité n'est pas de devenir une ruche ou une fourmilière, mais une société d'êtres *libres* et *responsables*, poursuivant le but assigné par une raison faite à l'image de Dieu, et trouvant dans cette croyance en Dieu le plus puissant moteur possible de la volonté vers la justice et la charité.

La doctrine évolutioniste a donc, en résumé, pour principe fondamental un idéal sans *autorité* un idéal irréalisable peut-être, et peut-être dont la réalisation n'est pas souhaitable. Ma conscience, en m'imposant cet *idéal* et en me jugeant d'après lui, est donc un législateur dont je peux contester l'*infaillibilité*, un juge dont je peux récuser l'autorité. Mais quand cette loi idéale serait obligatoire, dépend-il de moi de m'y soumettre ou de la transgresser? Nous ne sommes pas libres ; toutes nos actions, toutes nos volitions sont déterminées par ces mêmes lois de *l'évolution* dont elles sont la réalisation partielle. Je n'ai pas plus de mérite à suivre le courant fatal de l'évolution que le tourbillon de poussière n'a de mérite à se laisser emporter par la tempête. Comment concevoir ma responsabilité au sein de ce déterminisme universel ? L'évolutionisme idéaliste de M. Fouillée a tenté, il est vrai, de faire sortir la liberté des lois mêmes du déterminisme par la vertu de sa propre idée : « En me croyant libre, je réalise « en moi la liberté, au moins en une certaine mesure « et parconséquent je deviens plus ou moins respon- « sable. » On peut hésiter à reconnaître une vraie liberté dans l'état psychologique produit en moi par une idée dont l'objet, par hypothèse, est impossible. Toutefois, c'est déjà beaucoup d'affirmer la liberté. Malheureusement, cette affirmation ne se trouve ni chez Spencer, ni chez la plupart de ses disciples. Pour eux, la liberté n'est plus qu'une hypothèse vieillie et abandonnée. Dès lors, quelle ombre de responsabilité l'homme pourrait-il encore conserver? chaque être, à chaque moment, réalise en lui-même l'évolution *au point où elle en est*. Nul ne peut l'accélérer ni la retarder. Si l'homme a encore en lui des sentiments égoïstes, en lutte contre les instincts altruistes, c'est que la saison des instincts égoïstes n'est pas encore finie. Nul ne peut hâter la maturité des sentiments altruistes. Je suis ce que l'évolution me fait être. S'il y a du mal en moi, la faute n'en est pas à moi mais à l'évolution ; pourquoi n'est-elle pas plus avancée dans l'œuvre de l'amélioration morale et sociale? *Le chagrin* que j'en puis éprouver ne doit pas être un *remords,* mais au contraire un blâme contre la lenteur de l'évolution et la paresse de la nature. N'aurait-elle pas pu commencer son œuvre plus tôt, puisqu'elle avait toute l'éternité pour préparer l'amélioration du monde moral?

Remords, responsabilité, liberté, voilà donc des mots qu'il faut supprimer. En vain quelques déterministes s'efforcent de conserver la responsabilité, en la plaçant là où elle n'est pas, en la transportant du *volontaire* dans l'*involontaire.* Ainsi M. Paulhan et M. Binet nous déclarent responsables de nos *tendances* matérielles, de notre caractère : car, c'est notre *caractère* qui nous rend *sympathiques* ou *antipathiques* à nos semblables. Comment confondre des notions aussi hétérogènes que la *responsabilité* et l'*antipathie*? Un fou nous sera antipathique. Est-il responsable d'être ce qu'il est? Il est vrai, d'après M. Paulhan, un fou, un hypnotisé peuvent être responsables quand ils agissent conformément à leur caractère. En avouant de pareilles conséquences, un auteur prouve en même temps et sa bonne foi et la fausseté de sa doctrine.

Sans doute nous pouvons, dans une certaine mesure, être responsables de notre caractère, mais uniquement dans la mesure où nous avons contribué *librement* à la former. Mais la part de la *nature* dans mes tendances ne peut m'être imputée. Il y a chez M. Paulhan une confusion entre le mérite *habituel* et le mérite *actuel*. Le premier peut venir de la nature, de l'éducation : le second vient de mes efforts libres. Le premier est quelquefois, cela est vrai, en proportion inverse de l'effort que j'ai à faire pour accomplir un acte de vertu ; mais le second est dans l'effort même, mon *œuvre* et non celle des circonstances.

Pense-t-on que ces doctrines qui détruisent ou dénaturent la *responsabilité* resteront toujours dans le domaine de la théorie et que leur influence ne sera jamais dangereuse dans la pratique ? On enseigne aux hommes qu'ils ne sont pas libres, qu'ils ne peuvent lutter contre leurs passions. Quel encouragement au mal ! Et si cette doctrine porte l'estampille de la science, la conscience peut se rassurer. Un célèbre romancier contemporain (1), dans le *Disciple*, s'est proposé de déduire logiquement les conséquences pratiques des doctrines athées et déterministes. Le héros du livre, convaincu par ces théories qu'il croit scientifiques, perd successivement sa foi religieuse, sa foi morale, et arrive à commettre les plus grands crimes avec le calme d'une

______

(1) M. Bourget.

conscience qui n'est plus responsable de rien. A ce roman, dont le but avoué est de combattre le matérialisme, un éminent physiologiste adresse de sévères critiques ; il soutient que les opinions philosophiques n'ont aucune influence sur les actions. « Il « semblerait, » dit M. Richet, «que les théories ma-« térialistes de M. Sixte aient déterminé les actes de « Pierre Greslou. Cela me paraît fort hypothétique. « Est-ce que jamais une théorie abstraite a pu con-« duire à un mouvement de la passion ? Depuis quand « une idée religieuse empêche-t-elle un acte cou-« pable d'être exécuté ? Les hommes sont menés par « des passions, non par des idées abstraites. Nous « dirons donc aux savants et aux philosophes : allez « de l'avant ! Cherchez la vérité, sans avoir le souci « des applications qu'elle comporte... Soyez sûrs « qu'une vérité est toujours bonne à dire, et que ni « la morale, ni la société ni l'humanité ne peuvent « avoir pour base la routine (1). »

Oui, nous pensons avec M. Richet que toute vérité est bonne à dire ; mais il faut d'abord être bien sûr que nous possédons la vérité. Or, peut-on donner le nom de *vérités certaines*, de vérités *démontrées* et *scientifiques*, aux théories matérialistes dont M. Bourget fait le procès dans son roman ? De quel droit vient-on donc réclamer pour elles le patronage de la

---

(1 *Revue scientifique*, 19 août 1884. — Cité par Lombroso, qui approuve absolument la thèse de M. Richet sur l'innocuité des doctrines matérialistes (*ibid.* p. 183).

science? De quel droit se sert-on des mots d'erreur et de *routine* pour les appliquer à des croyances que l'on ne saurait détruire ni par la science ni par le raisonnement? Dès lors, si on ne peut affirmer qu'elles soient fausses, on ne peut pas affirmer non plus qu'elles soient inutiles à la moralité humaine : d'où vient donc la sécurité avec laquelle on tâche de nous les enlever? A quels arguments, d'ailleurs, n'est-on pas réduit pour prouver le caractère inoffensif des doctrines matérialistes? On soutient que les opinions, les croyances n'ont pas d'influence sur les actes des hommes! Que trop souvent des croyants soient inconséquents avec leurs croyances, ou l'accorde. Mais que ces croyances n'aient jamais aucune efficacité pour arrêter sur la pente du mal, le paradoxe, à force d'être manifeste, cesse d'être dangereux.

Qu'importe, disent les évolutionistes, que nous détruisions l'ancienne morale? un jour l'humanité pourra se passer des notions de devoir, d'obligation, de sanction ; ce sera le jour où la justice et la charité, devenues instinctives, ne coûteront plus d'efforts. — On peut douter que ce jour arrive jamais. Mais, pour qu'il vienne, ne faut-il pas que la pratique de ces vertus se généralise, qu'elle passe en habitude, en amour, et que cette passion du bien, transmise par l'hérédité, devienne invincible chez les générations futures? Or, pour généraliser l'amour

et la pratique de la vertu, est-ce un bon moyen que
commencer par détruire la croyance à l'obligation
et à la sanction ? Peut-on nier l'efficacité de ces
croyances pour rendre le bien plus facile, plus habituel, et *contrebalancer au moins partiellement les
instincts égoïstes*? Loin de penser avec M. Richet que
les idées n'influent en rien sur le caractère et sur la
conduite, nous regardons comme évident, que nos
idées sont les *éléments* actifs, les *forces*, — comme
dirait M. Fouillée, — dont l'énergie se manifeste
par nos sentiments et nos passions. Parmi les *idées-
forces* qui créent en nous des instincts et des habitudes altruistes, et qui en augmentent l'intensité,
ne faut-il pas compléter les croyances de ce qu'on
appelle l'*ancienne morale*? C'est en fortifiant ces
croyances, et non en les détruisant, que nous aide-
rons l'humanité dans la voie qui conduit à cet état
idéal où la vertu, finira par devenir nécessaire. Or,
c'est précisément à ces forces, seules capables de
réaliser un tel idéal, que l'évolutionisme s'attaque
de tout son pouvoir ! Espère-t-on remplacer les idées
morales et religieuses par la conception abstraite
de la *solidarité* ? Mais, en supposant que cette abstraction puisse avoir une grande influence sur l'esprit des philosophes et des savants, en aura-t-elle
beaucoup sur la majorité des hommes ? Or, c'est à
la majorité, c'est même à la *totalité* des hommes que
la morale s'adresse : c'est la totalité qu'il faut transformer par l'habitude de la vertu : ainsi l'évolution

morale n'a de chances de réussir que par les croyances mêmes dont elle cherche à hâter la ruine !

III

Si la *responsabilité* est une notion de première importance pour la moralité, comme pour la société, il est difficile d'admettre que cette *notion* soit absolument inaccessible à l'intelligence humaine comme l'affirme M. Lévy-Bruhl. Quoi ! ce qui nous importe le plus est ce que nous concevrions le moins ! Que les notions morales soient entourées de mystère, on l'accorde ; c'est même cela qui fait le mérite de ceux qui les croient et en font la loi de leur vie. Mais de cette *demi-obscurité* à l'ignorance complète, il y a loin. Comment marcherons-nous dans ces ténèbres épaisses ? D'ailleurs, une si profonde ignorance devrait nous conduire tout droit à mettre en doute, à nier ces mêmes vérités morales que M. Lévy-Bruhl affirme hautement. En effet, si nous n'avons aucune idée de ce que peuvent signifier les mots de *liberté*, de *responsabilité*, si ces notions sont contradictoires et ne nous présentent aucun sens, comment savons-nous qu'elles correspondent à quelque chose de réel ?

D'ailleurs, sur quel argument s'appuie M. Lévy-Bruhl, pour soutenir que l'idée de responsabilité est *inconnaissable,* contradictoire, au moins aux yeux de la raison spéculative ? — Sur ce qu'elle implique l'idée de *causalité* ; or, d'après toute l'école de Kant, la loi de causalité n'a de valeur que dans le *monde des phénomènes* : elle serait donc un *contre-sens* si on l'appliquait au *monde moral.* Cela serait vrai si la *causalité* n'était, (comme les phénoménistes le supposent, et comme l'auteur de la critique le leur accorde sans discussion) qu'un *rapport de succession invariable entre les phénomènes.* Mais une telle conception de la causalité est insoutenable ; comment la *causalité* serait-elle un rapport de *succession,* puisque la *cause* et l'*effet* sont simultanés (1)? La vraie notion de *cause,* ne vient pas du monde des phénomènes, mais de la conscience du *moi* : ce n'est que par induction, au nom du principe de raison, que je l'ai transportée au monde extérieur. La *cause-noumène,* la cause libre, agissant dans un moment *indivisible,* est le type de la cause : comment donc serait-elle inapplicable au monde moral, au monde de la Volonté, puisqu'elle a son origine dans la conscience même du *sujet* de la loi morale?

Puisque, d'après M. Lévy-Bruhl nous ignorons ce que c'est que la responsabilité, *en général,* nous sommes incapables d'apprécier le degré de notre responsabilité, de notre mérite moral, — et à plus

(1) V. 2ᵐᵉ partie. Ch. Iᵉʳ de ce travail.

forte raison nous ne savons absolument rien de la
responsabilité ni du mérite des autres hommes. —
Ce n'est que l'exagération d'une grande vérité. Oui,
nous sommes fort mauvais juges de notre mérite.
Nous savons, sans doute, que notre mérite augmente
ou diminue, suivant que nous obéissons ou non à la
loi morale ; mais nous ignorons de *combien* il augmente ou diminue. Nous n'avons aucun besoin de le
savoir : c'est même une ignorance salutaire ; elle
doit nous faire craindre de nous laisser aller à des
illusions sur nous-mêmes. A plus forte raison ne
pouvons-nous pas juger exactement la responsabilité
des autres : car nous ne savons pas toujours dans
quelle mesure ils ont agi librement, ni avec quel degré de clarté ils ont perçu le caractère moral ou
immoral de leurs actions. Dieu seul voit le fond des
cœurs. Jusqu'ici, tous les moralistes seront d'accord
avec M. Lévy-Bruhl. Mais, là où commence l'exagération, c'est quand il soutient que cette ignorance du
mérite et de la *responsabilité* des autres est TOUJOURS
ABSOLUE. Une telle assertion aurait des conséquences
inadmissibles. Il y a souvent des circonstances qui
nous permettent d'avoir une connaissance *incomplète*
mais *certaine* sur la valeur morale et la responsabilité des autres. Tantôt, nous avons *leurs propres
aveux ;* tantôt l'ensemble de leurs actes nous permet
de conclure à l'état interne de leur volonté. Ne pouvons-nous affirmer, sans crainte, que Burrhus vaut
mieux moralement que Narcisse, que Sévère et Pau-

line valent mieux que Félix? Comment pourrions-nous choisir nos amis, comment un homme pourrait-il choisir la femme qu'il veut épouser, si personne ne sait jamais rien de la valeur morale de personne? Comment pourrions-nous élever nos enfants, si nous ne pouvions deviner leurs intentions, apprécier la valeur de leurs efforts pour le bien ou pénétrer dans leur conscience quand ils font mal? Il est des cas où il est de notre devoir de pénétrer dans la conscience des autres, ne fût-ce que pour la rectifier. C'est le devoir des éducateurs comme des parents. Le précepte divin « *Ne jugez pas* » ne s'applique qu'aux cas où nous n'avons pas le devoir de juger. Les magistrats, plus que personne, ont le devoir non seulement de *juger*, au sens psychologique du mot, mais de sanctionner leur jugement. De quel droit puniront-ils, s'ils ne savent rien de la *responsabilité* de l'accusé? Comment appliqueront-ils le *minimum* ou le *maximum* de la peine, s'ils ne savent pas le degré de *responsabilité* du coupable? M. Lévy-Bruhl, il est vrai, répond que le juge ne doit pas se poser la question de *responsabilité morale*, mais uniquement la question du *danger social*. C'est la thèse même de M. Lombroso et de M. Garofalo. M. Lévy-Bruhl pense que la punition sera plus humaine si la société, au lieu de voir dans l'auteur d'un crime *un coupable* ne verra plus en lui qu'un *danger*. — Est-ce exact? Ne serait-ce pas plutôt le contraire? C'est ce que nous aurons à examiner dans le chapitre suivant.

CHAPITRE II

Conséquences des doctrines déterministes dans l'odre social et dans la législation

I. *Conséquences par rapport au droit pénal.* — La conséquence *logique*
serait le sacrifice complet de l'individu à l'intérêt général. Autre conséquence *inévitable :* transformation des circonstances *atténuantes* en
circonstances aggravantes. *Conséquences avouées :* multiplication des
exécutions capitales. Suppression du jury.

II. *Conséquences par rapport au droit civil et au droit politique.* —
Négation des droits personnels. — Négation *implicite* de la liberté de
conscience, du droit de propriété. — Négation des devoirs de l'Etat
envers les faibles et les infirmes.

I

En déclarant que la justice pénale ne doit pas se
préoccuper de la responsabilité morale, et que l'intérêt social doit seul déterminer la gravité du châtiment, l'école italienne ne fait qu'appliquer à un cas
particulier un principe général contenu implicite-

ment dans tout système *moniste*. Ce principe, c'est que *l'individu n'a pas de droits par lui-même, et qu'il est fait uniquement pour l'ensemble de la société.* Tandis que la morale spiritualiste trouve la formule du droit naturel dans cette maxime célèbre du Kant : « *traite* « *chaque homme, non comme un moyen, mais comme* « *une fin,* » la morale déterministe, tout au contraire considère l'*individu* comme un simple moyen, et la *collectivité* comme la *fin* unique. Il en résulte que l'individu n'a de droits que *dans la mesure où il concourt à la fin générale.* S'il la contrarie, ou même s'il lui est *inutile,* il doit être supprimé ; il est comme un organe inutile ou malade ; l'intérêt de l'organisme total veut qu'il soit retranché.

De ces deux manières différentes de considérer le droit naturel doivent résulter deux conceptions absolument différentes de la justice pénale. Si, comme le sens commun l'affirme, le personne a une valeur absolue, si elle a des *devoirs,* si elle est libre, elle ne peut être punie qu'au cas où elle aurait agi contre sa conscience ; et, pour fixer la punition, *on doit tenir compte du degré de culpabilité, en même temps que de l'intérêt social et du danger que son exemple fait courir à la société.* C'est pour permettre au juge de tenir compte de l'élément *subjectif,* de la *culpabilité* morale, que nos législateurs ont fixé un *maximum* et un *minimum* de la peine ; c'est également dans ce but qu'ils ont introduit dans le Code pénal les *circonstances atténuantes.* — Si au contraire l'homme n'a ni devoirs ni droits, la *réaction sociale* doit être uniquement proportionnée à la gravité du désordre produit dans l'organisme social. Or, les circonstances considérées aujourd'hui comme *atténuantes*, c'est-à-dire *atténuantes de la culpabilité morale*, ne sont pas toujours *atténuantes* au point de vue du danger social. Souvent même elles peuvent être aggravantes. M. Garofalo en convient : « D'après la « relation idéale entre l'acte supposé libre et la peine, « on considérait qu'un acte est d'autant moins pu- « nissable que la passion a été plus irrésistible chez « l'agent. Cette conclusion contredit le principe de « la défense sociale (1). » En effet, plus le criminel est passionné, plus il est dangereux ; donc, d'après la nouvelle école, il faut le punir plus gravement que s'il n'avait pas *l'excuse morale* de la passion !

Supposons, un instant, que, dans un procès criminel, le magistrat chargé de soutenir l'accusation, soit imbu des doctrines de M. Garofalo. Le défenseur a plaidé les circonstances atténuantes ; l'accusation réplique en ces termes : « Le défenseur vous a dit « que l'accusé n'a pas une idée très nette de la gra- « vité de sa faute : il n'en est que plus dangereux. Il « est pauvre, il a volé pour donner du pain à ses en- « fants ! Mais, plus un homme est pauvre, plus il est « incapable de résister à la tentation de voler. Je de- « mande le maximum de la peine. »

(1) Garofalo. — Cité par Lombroso *ibid*, p. 63.

Dira-t-on que, dans cette fiction, l'accusé est *redoutable* par suite des *circonstances*, et que, d'après les principes de l'école italienne, un criminel de circonstance est moins dangereux qu'un *criminel-né*? On comprend cette distinction quand un criminel a été amené à son crime par des circonstances *accidentelles ;* mais, dans le cas d'un pauvre, d'un ignorant, ce sont des circonstances *permanentes* qui expliquent son crime ; ces circonstances augmentent sa *redoutabilité* d'une manière *permanente ;* la société a donc à craindre de lui autant que d'un homme qui serait né avec l'instinct du vol. La logique exige qu'il soit traité de même, si on admet la *redoutabilité* comme unique principe de la répression.

Il y a un passage dans les écrits de M. Garofalo où il a voulu restreindre l'application de son principe général. « Il ne suffit pas, » dit-il « pour que la peine « soit juste, qu'elle soit nécessaire à titre d'exemple... « elle doit être appropriée à l'individualité du cou- « pable... Voilà la vraie justice, celle qui met des « bornes à la rigueur du principe *Salus populi su-* « *prema lex.* Voilà la formule : que chacun ne « souffre... ni plus ni moins que son individualité ne « le mérite (1). »

Malheureusement, cette restriction est absolument en contradiction avec la thèse de l'auteur : c'est rétablir plus ou moins la responsabilité morale et reve-

____

(1) Garofalo. — Cité par Lombroso, ibid. p. 65.

nir à la doctrine vulgaire, en dépit de la doctrine de l'*intérêt général*. Peu importe, *au point de vue de la dé-fense sociale,* que le criminel soit plus ou moins pervers ; il n'est plus à craindre personnellement, une fois arrêté ; ce qui est à craindre, ce sont ceux qui voudraient l'imiter ; il faut donc les intimider par une peine exemplaire, dont la gravité doit être proportionnée au danger qu'ils peuvent faire courir à la société ; or, le caractère du criminel ne change rien à la gravité de ce danger.

Le principe de la *défense sociale* ne justifierait que trop les supplices atroces des temps passés. On sait à quelles tortures on soumettait les régicides. On tenailla Ravaillac, on jeta du plomb fondu dans ses blessures, on l'écartela ; un homme ayant montré quelque pitié à la vue de cette cruauté, la foule voulut l'écharper. On ne se demanda pas si Ravaillac était uniquement pervers ou s'il n'était pas à moitié fou ; (et il l'était ; car, il avait été chassé d'un couvent comme « *lunatique* » disaient les archives de la maison). On ne voyait que deux choses : 1° le danger que le régicide faisait courir à la France 2° le grand nombre d'imitateurs que l'exemple de son crime pouvait entraîner. C'est uniquement à la *redoutabilité* des *autres,* et non pas seulement à celle du coupable, que regarde une jurisprudence fondée exclusivement sur l'intérêt public.

L'école italienne ne réclame pas, assurément, le

rétablissement des horribles supplices d'autrefois.
Mais elle pousse du moins l'application de son principe jusqu'à vouloir multiplier les exécutions capitales (1). Il faut éliminer de *l'organisme* ce qui le
trouble : l'incarcération perpétuelle, la déportation
sont difficiles à organiser : l'exil ne peut plus être
pratiqué à notre époque, au moins pour les criminels ; car les étrangers ne voudraient pas les recevoir. Le seul mode pratique d'élimination est donc
la peine de mort. C'est suivant M. Garofalo, « *le seul*
« moyen absolu d'*élimination* et de *sélection*, et il
« devra s'appliquer sans pitié à tous les délinquants
« incorrigibles (2) ».

Du moins, laissera-t-on des garanties suffisantes
aux accusés ? Non ; pas de jury, car les jurés sont
souvent trop indulgents ; pas de juges non plus car
les *symptômes* de la maladie du crime ne sont pas de
la compétence d'un jurisconsulte. C'est à des physiologistes que l'on confiera l'examen des criminels ;
eux seuls ont la compétence nécessaire pour se
prononcer sur leur *redoutabilité* (3). Quant à la procédure, devant cette assemblée de physiologistes,
voici comment M. Garofalo la conçoit : la publicité
des débats serait permise, pour ce qui concerne la
preuve du fait, l'examen des antécédents personnels

---

(1) FERRI, *I nuovi Orizzonti*, p. 153; et GAROFALO, *Criminologie* p. 41.
Cités par Vidal. (*Principe fondamentaux de la Pénalité dans les systèmes les plus modernes*, p. 245).
(2) VIDAL. — *Ibid.*
(3 GAROFALO et FERRI, cités par Vidal, *ibid.* p. 223 et 606 et 611.

et héréditaires de l'accusé, des signes antropologiques qu'il peut présenter ; mais la dernière phase du procès *sera secrète* ; elle consistera dans un examen *scientifique* des caractères physiologiques de l'accusé. Si le délinquant présente les caractères d'un criminel incorrigible, l'*élimination* sera prononcée (1).

En face de telles conclusions, il est impossible de ne pas souscrire au jugement que porte M. Vidal sur le prétendu progrès dont se vante l'école positiviste : « La nouvelle école fait subir à la loi pénale, « au nom de la science positive et de la défense so- « ciale, un pas en arrière considérable, et tend à « nous ramener, en l'aggravant encore, au système « ancien de la procédure inquisitoriale (2) ».

II

L'école italienne n'a appliqué qu'au droit pénal le principe de l'*élimination,* ou de la *lutte pour l'existence.* Mais que deviendraient, si on leur appliquait ces mêmes doctrines, le droit naturel, le droit politique, le droit civil ?

Quels seront les droits naturels de l'homme et du

(1) Garofalo, *ibid.* p. 344, résumé par Vidal, *ibid.* p. 611.
(2) Vidal. — *Ibid.* p. 613.

citoyen ? — *Ni plus ni moins que les droits d'une cellule dans un organisme, à savoir le droit de vivre et de se développer dans la mesure où elle concourt à l'organisme* en un mot, le *droit de se plier* à l'*intérêt du tout.* De plus, si je n'ai que le droit de concourir à l'organisme social, la société est seule juge de mon *utilité* : car ce ne sont pas seulement les hommes nuisibles, mais aussi les hommes *inutiles* qui n'ont pas le droit de vivre. La société élimine les premiers par la peine de mort ; la nature se chargera d'éliminer les inutiles, les infirmes, les malades, les idiots, par la *sélection naturelle...* si on n'empêche pas la nature d'agir suivant ses lois. Herbert Spencer n'hésite pas à dire que l'on ne devrait pas construire d'hôpitaux ni d'asiles de charité. Dans l'intérêt des races futures, mieux vaudrait laisser mourir de faim et de misère les organismes inférieurs, les déshérités de l'intelligence et de la santé. Laissons opérer la *sélection naturelle,* qui est la loi de l'*évolution* ; au lieu de perpétuer dans le monde, par une fausse compassion, des germes de faiblesse physique ou de faiblesse intellectuelle. Le droit de vivre n'est absolu que pour ceux dont la vie contribue au bien général de l'espèce.

Assurément, tous les évolutionistes n'admettent pas les conclusions de Spencer ; mais c'est une inconséquence ; car, dans le système de *l'utilité générale,* l'homme inutile est une quantité rigoureusement négligeable. S'il n'a pas une valeur par lui-même,

s'il n'est pas une *fin* en soi, l'*homme n'a pas* de *droits
naturels* ; il n'a que les droits que la société voudra
bien lui *conférer*. Du seul *bon plaisir* de l'Etat déri-
veront ses droits *civils* et ses *droits* politiques.

Quels seront ces droits ? Aurais-je la liberté de
conscience ? Oui, si l'Etat veut bien me l'octroyer.
L'Etat seul sera juge de l'utilité ou des inconvé-
nients de ma croyance. S'il croit, comme certains
sectaires, que la religion est funeste à la société, à
l'humanité, il me refusera le droit de professer et de
pratiquer ma religion.

Aurai-je le droit d'élever mes enfants ? Oui, si je
les élève comme l'Etat le veut. La famille sera constituée non d'après le droit naturel, mais d'après l'intérêt général. Mariage, divorce, polygamie, tout
sera réglé par le même principe.

Me concédera-t-on le droit de m'occuper des af-
faires de l'Etat ? Serai-je électeur ? Le serai-je *de
droit ?* Oui ou non, suivant que l'Etat croira utile ou
nuisible de me conférer ce droit. Et, comme l'Etat
c'est la *majorité*, dire que l'Etat seul réglera mes
droits, c'est-dire que les minorités n'auront aucun
droit, si ce n'est quand les majorités daigneront
leur en octroyer.

Pour la propriété, *en droit*, elle sera évidemment à
l'Etat, si l'Etat est *tout* et l'individu *rien*. En fait, l'Etat
sera juge de l'opportunité qu'il pourrait y avoir à me
laisser possesseur de mes biens, dans l'intérêt de
la production générale et de la richesse publique.

En un mot, *despotisme toujours, communisme, quand l'Etat voudra*, telle est la conclusion de toute doctrine qui nie la *personnalité*, la valeur de l'homme comme *fin* en soi — et par conséquent de toute doctrine qui nie le libre arbitre.

CHAPITRE III

DE L'IDÉE DE LIBERTÉ ET DE RESPONSABILITÉ DANS LA LITTÉRATURE

I. Le principe du *beau* dans l'art est *l'expression* de la liberté humaine, réglée et maîtresse d'elle-même. Exemples empruntés aux chefs-d'œuvre immortels. — La *responsabilité* humaine est le vrai héros de la poésie.

II. De la littérature *déterministe* et *naturaliste*. L'idéal humain remplacé par la description physiologique ou le mécanisme des nerfs. Exemples contemporains. — Causes du succès de ce genre naturaliste et de cette pathologie du cœur humain.

I

L'idée de la responsabilité exerce sur la littérature autant d'influence que sur la morale et sur le droit, peut-être même pourrait-on, sans paradoxe, ramener toutes les écoles littéraires à deux principales : l'école qui croit à la liberté, à la responsabilité, et l'école qui n'y croit pas ; l'une est l'école idéaliste, l'autre est l'école naturaliste. La première se propose la peinture des héros ; la seconde la peinture de la *bête humaine*.

Il semble jusqu'ici que l'école idéaliste ait eu le privilège des chefs-d'œuvre qui sont parvenus à la postérité. L'épopée Homérique, la tragédie Grecque, l'épopée chevaleresque, la tragédie de Corneille, le drame romantique n'ont toujours eu qu'un seul héros : la *liberté humaine*, qu'une source d'idéal, *l'effort*, qu'un ressort dramatique, la *responsabilité*. Loin de nous de faire des œuvres du génie de simples moralités ; nous ne pensons pas qu'Homère ait eu pour principal but de nous montrer les effets de la vertu et du vice ; (quoique, suivant la remarque d'Horace il arrive précisément à ce résultat, que probablement il ne se proposait pas). Mais, sans aller voir dans l'Iliade et dans l'Odyssée des contes moraux inventés par l'antique Sagesse de la Grèce, on peut dire que bien peu d'œuvres ont conçu un idéal plus puissant de la liberté et de la personnalité humaine, et qu'en particulier on y trouve le sentiment le plus profond et le plus poignant de la *responsabilité*. Le roi des rois, si fier, si plein de lui-même, et qui outrage Achille pour lui prouver qu'il est plus puissant que lui, Agamemnon, dès qu'il se voit frappé par la main des dieux, reconnaît qu'il est seul cause des maux des Grecs, et

sous le poids de cette effroyable responsabilité, s'hu-
milie devant Achille jusqu'à lui envoyer trois am-
bassadeurs pour obtenir son pardon. Achille reste
inflexible, et les Grecs tombent en foule sous les
coups des Troyens. Mais, quand il apprend la mort
de Patrocle, ce n'est ni le destin, ni les dieux qu'il
accuse, ni Agamemnon ; c'est lui seul, c'est sa
colère.

« Périsse la discorde, chez les dieux comme chez
« les hommes, périsse la colère... qui, plus douce
« que le miel, s'insinue dans le cœur des hommes,
« et l'obscurcit comme la fumée ! »

Pour Hélène, la première cause de tant de maux,
elle a du moins l'excuse d'avoir été égarée par une
déesse ; mais, *cette excuse, elle ne l'accepte pas*. L'une
des plus touchantes scènes de l'Iliade est celle où elle
accourt sur les remparts pour voir le combat dont
elle sera le prix, entre Paris et l'époux qu'elle re-
grette. A la vue de sa beauté, les plus sages vieillards
ne peuvent s'empêcher d'exprimer leur admira-
tion. Priam lui-même, qui aurait tant de motifs
pour la maudire, lui adresse ces paroles toutes pa-
ternelles : « Non, ce n'est pas toi qui es cause de
ces maux ; ce sont les dieux qui en sont les auteurs. »

Pour toute réponse elle dit en pleurant : « Oh ! que
« j'aurais dû mourir d'une mort terrible le jour où
« j'ai suivi ton fils, abandonnant ma chambre
« nuptiale et mes parents. Mais la mort n'est pas

« venue, et je me suis consumée dans les larmes.
« Je te répondrai cependant et te dirai le nom de ces
« guerriers comme tu me le demandes : ce vaillant
« héros, c'est Agamenon. Il était mon beau-frère,
« si toutefois je peux dire qu'il l'était, moi, miséra-
« ble chienne. » « Je ne vois pas, cependant, mes
« deux frères, Castor, habile à dompter les chevaux,
« Pollux, invincible au pugilat ; ne sont-ils pas
« venus ici de l'aimable Lacédémone ? ou est-ce
« qu'ils se cachent sur les vaisseaux et n'osent se
« montrer au milieu de la mêlée des héros, craignant
« la honte et l'infamie dont *moi* j'ai couvert ma
« famille. »

Où trouve-t-on, dans toute l'antiquité, exprimé
d'une façon plus poignante, le sentiment de la responsabilité. Ce n'est pas sans doute le remords terrible de Phèdre ; Hélène est faible encore ; elle re-
tournera encore un instant après vers son séduc-
teur ; mais, si elle n'a pas encore l'énergie de la
vertu, elle a la claire vision de sa faute, de la part
qu'elle y a librement prise, de tout le mal qu'elle a
fait, elle seule, à sa patrie ou à ses frères. L'idée de
chercher une excuse dans la fatalité ne lui vient
pas ; elle la repousse quand Priam la lui sug-
gère.

Où a-t-on vu, comme on l'a trop souvent répété,
que la poésie Grecque fût fataliste ? — On cite la
légende des Labdacides, — on parle de cette déesse
jalouse, Némésis, qui ne permet pas à la liberté

humaine de s'élever trop haut. — Mais cette jalousie des dieux ne frappe jamais que la liberté désordonnée, l'orgueil qui oublie la mesure et la loi morale ; c'est la sanction, ce n'est pas la fatalité. Il en est de même du destin. Si la famille des Labdacides est frappée d'effroyables catastrophes, ce n'est pas parce que les catastrophes sont prédites ; c'est parce que, pour les éviter, Laïus et Jocaste ont recours à des moyens criminels : s'ils n'avaient point exposé leur enfant sur le mont Cythéron, OEdipe les eût connus ; il n'aurait pas tué Laïus et épousé Jocaste. C'est le crime qui a préparé les catastrophes : c'est donc justement que les coupables sont frappés. OEdipe, lui-même, est-il donc innocent ? Il ne connaît pas son père en le frappant, mais il sait qu'il a frappé par colère un ennemi ; il n'est pas *parricide volontaire*, mais il est *homicide volontaire*. — Toute la fatalité, pour lui, a été d'ignorer la gravité de son crime et ses conséquences. Mais la loi de la responsabilité consiste précisément en ce que le criminel, dès qu'il a violé sciemment la loi morale, s'est exposé à une série de conséquences imprévues, et il les a acceptées toutes *implicitement.* Donc, la trilogie d'OEdipe est avant tout le drame de la *responsabilité* ; elle en fait le nœud, l'intrigue, le dénouement.

Est-ce l'idée de la fatalité aveugle que nous trouvons dans le Prométhée d'Eschyle ? La vengeance inexorable de Jupiter punit cruellement Prométhée pour le bien qu'il a fait aux hommes ; il semble donc que ce soit la victoire définitive de la *force* sur le *droit*. Mais cette victoire *provisoire* de la force sert précisément à amener la protestation, la *révolte* de la liberté et du droit contre la *force ;* et cette révolte finira, dans l'intention du poète, par la victoire de la liberté : car la *trilogie* se terminait par le *Prométhée délivré*. La lutte pour la justice et la liberté, tel est le drame éternel que, sous une forme ou sous une autre, représente le théâtre d'Eschyle et de Sophocle : et cette lutte, ce n'est pas au nom de l'*orgueil*, c'est au nom du *devoir*, au nom de la soumission à la *loi morale* qu'elle éclate dans toute sa grandeur. Lorsque le tyran Créon menace Antigone du châtiment que, d'après les *lois de l'état*, elle avait encouru en donnant la sépulture à son frère, — « ces lois que tu as « portées, » réplique Antigone « ne sont point les « lois de l'éternelle justice ; et je n'ai pas pensé « qu'elles eussent la vertu de prévaloir contre les « lois *non-écrites*, les lois inviolables de la divinité. »

Si nous passons aux temps modernes, ne trouverons-nous pas toujours la *liberté*, la *responsabilité* comme le grand ressort de la poésie et de l'éloquence ? Au Moyen-âge, la poésie est la lutte de l'homme contre les dangers extérieurs ; dans la tragédie du dix-septième siècle, chez Corneille surtout, c'est la lutte contre les forces internes de la passion.

Le romantisme, en cela, a continué la tradition de
l'école classique, tant il est vrai que *l'effort de la volonté libre* est l'idée essentielle et fait tout l'intérêt
d'un drame! Victor Hugo, loin de changer l'idéal
Cornélien, n'a cherché qu'à le rendre encore plus
sensible aux yeux du spectateur. S'il place ses héros
dans des situation complexes, c'est pour faire encore
mieux ressortir la violence du combat entre la liberté et les obstacles qu'elle doit vaincre. Il se plaît
aux situations exceptionnelles qui augmentent la
responsabilité. Nous en trouvons un exemple dans le
merveilleux *coup de théâtre* de Hernani, au moment où Charles-Quint, subitement grandi à ses propres yeux comme aux yeux du monde, pardonne à
son mortel ennemi et lui accorde la main de dona
Sol. Dans cette scène, tout est rassemblé pour
augmenter les émotions dramatiques; mais ces
émotions ne sont pas de vains moyens; elles con-
courent toutes à grandir l'effet moral du coup de
théâtre. Le roi d'Espagne a pénétré sous les voûtes
des tombeaux où les conjurés complotent sa mort.
Il les tient en son pouvoir. La vengeance du roi, la
vengeance de l'amant jaloux est facile; et, de plus,
elle est juste; le roi Carlos peut la goûter pleine et
entière, et sans remords. A l'instant, trois coups de
canon retentissent. Carlos est empereur! Il est le
premier après Dieu! Subitement, il sent sa *responsabilité* croître avec sa grandeur. Il faut qu'il la manifeste par un effort de puissance morale en proportion

avec cette *responsabilité* presque infinie ; il relève dona Sol, qui s'était jetée à ses pieds, la donne à son rival ; et lorsque Hernani, stupéfait, s'écrie :

« Qui parle ainsi ? Le roi ? » — « Non, l'empereur, » répond Charles-Quint.

Si le sublime, en poésie, consiste, comme l'a si bien expliqué Kant, dans l'émotion que nous cause *l'écrasement de nos tendances sensibles* par un coup de foudre de notre volonté libre (1), quelle situation plus sublime que celle dont cette scène nous retrace l'image ? Victor Hugo nous rappelle ici la scène fameuse du pardon, dans Cinna ; il n'a pas la simplicité de Corneille ; il a préféré plus de pompe, plus de circonstances dramatiques ; mais toute cette mise en scène ne fait qu'augmenter l'effet moral, autant que l'émotion physique.

Ce même sentiment de la *liberté* et de la *responsabilité* se retrouve dans ses terribles peintures du remords. Il égale Eschyle et Shakespeare. Ni Oreste poursuivi par les furies, ni lady Macbeth, saisie d'horreur à la vue de la petite tache de sang, ne produisent une impression plus terrible que le Caïn de Victor Hugo, fuyant partout l'œil inévitable. En face de ces peintures effrayantes, et pourtant si naturelles, de la conscience, viendra-t-on dire que le *remords*, que la responsabilité, n'est qu'un préjugé, une invention des moralistes et des métaphysiciens ? Si ce n'étaient

(1) Telle nous semble au fond la théorie de Kant dans la critique du Jugement.

que des illusions ou des préjugés, les chefs-d'œuvre
de Shakespeare, de Victor Hugo ne répondraient
plus à rien de réel, à rien d'humain.

Si nous n'avions pas cette conscience vive et lumi-
neuse de notre libre arbitre, comment expliquer l'intérêt dramatique, l'émotion poignante que produit
sur nous le Chapitre des *Misérables* intitulé *une Tempête sous un crâne?* Cette scène d'angoisse, terminée
par le plus éclatant triomphe de la liberté sur les
sentiments égoïstes, n'est pas autre chose qu'une
analyse de psychologie; mais ce n'est pas une analyse de *passion*, selon le procédé à la mode du jour;
c'est l'analyse du fait le moins *pathologique*, le plus
actif, le plus rationnel, à savoir le fait de la *délibération volontaire*. Pour mettre le plus possible en évidence tous les faits qui constituent l'essence de la
délibération, l'auteur accumule les circonstances qui
peuvent augmenter le conflit du devoir et de l'intérêt. D'un côté, c'est le devoir, mais le devoir sans attrait, le devoir sans honneur, le devoir dont l'accomplissement doit entraîner l'infamie et le bagne. De
l'autre côté, la richesse, l'estime des hommes, le
bonheur, mais le remords de laisser punir un innocent à sa place. M. Madelaine (ou plutôt Jean Valjean), apprend qu'un pauvre vagabond va être jugé
pour un crime ancien, dont l'auteur est resté inconnu; or, l'auteur du crime, c'était Jean Valjean
lui-même, à l'époque où il était sorti du bagne. Aujourd'hui, l'ancien forçat, devenu honnête homme,

riche, bienfaisant, est estimé et vénéré dans son pays ; personne ne sait son vrai nom ; personne ne soupçonne rien de son passé. S'il ne va pas se dénoncer spontanément, un innocent va être condamné à sa place. Mais quoi ! Abandonner tout, fortune, honneur, liberté ! Retourner au bagne ! Encore, s'il ne sacrifiait que lui-même ! Mais que deviendra l'orpheline qu'il a adoptée ? N'a-t-il pas des devoirs aussi envers elle ? Cependant le temps presse ; il n'y a pas une heure à perdre pour accomplir le terrible sacrifice, car le procès sera jugé le lendemain. Puis, quand le poète nous a fait frissonner de toutes le tortures morales qui déchirent l'âme de son héros, quand les difficultés qui s'opposent au devoir nous apparaissent insurmontables, alors, la liberté prend sa décision ; elle la prend à temps pour que le sacrifice héroïque ne soit pas inutile. Or, cette victoire en quelque sorte infinie du devoir sur la conjuration de toutes les forces égoïstes, c'est un ancien forçat qui la remporte, un homme que son passé et le milieu où il a vécu devaient prédestiner au crime, si réellement les fatalités criminelles étaient invincibles.

Dira-t-on : « Cela n'est pas naturel ? » Assurément, un tel héroïsme est rare ; mais il ne dépasse pas les forces de la nature humaine ; la preuve, c'est que nous comprenons Jean Valjean ; nous sympathisons avec lui. Si par *naturel* on entend les réalités vul-

gaires et les petitesses de la vie, nous conviendrons
que le poète a dépassé la nature. Mais l'art doit-il
chercher ses inspirations dans ces basses régions ?
Pour qu'une œuvre soit *vraie* et réellement *humaine*,
il suffit que l'artiste, — tout en s'élevant au-dessus
de certaines défaillances de la *nature réelle*, — reste
dans les limites de la *nature possible*. A cette condition seule, l'art peut concilier le *naturel* et l'*idéal* ; et
c'est à ce double cachet que sont marquées les œuvres
du génie.

II

La peinture du réel, au contraire, et du réel dans
ce qu'il a de plus laid, voilà le principe de l'école
naturaliste. Son but n'est pas, en peignant la laideur
morale, de nous en inspirer l'horreur ; c'est au contraire de la représenter comme un *phénomène naturel*, et de la peindre avec une sorte *d'indifférence
scientifique*. Ce qui se dégage d'une telle conception
de *l'art*, c'est une impression de fatalisme, de dé-
couragement. *Le naturalisme* est la littérature de
l'*irresponsabilité*.

Les auteurs naturalistes, et en particulier M. Zola,
ne dissimulent pas ce caractère *d'indifférence morale*
inhérent à leurs œuvres. M. Zola le proclame hautement. Ainsi, dans la préface de *la Fortune des Rou-*

gon, il annonce qu'il va étudier « la lente succession
« des accidents nerveux ou sanguins qui se déclarent
« dans une race, à la suite d'une première lésion or-
« ganique, et qui déterminent, selon les milieux,
« chez chacun des individus de cette race, les senti-
« ments, les désirs, les passions, toutes les manifesta-
« tions humaines, naturelles, instinctives, dont les
« produits prennent les *noms convenus* de vertus et
« de vices. »

Dans presque tous ses ouvrages, l'auteur reste
fidèle à ce programme. Chez ses personnages, les habitudes vicieuses, la lente déchéance qui mène de
l'honnêteté à la débauche et à l'abrutissement, tout
cela s'effectue, tout cela *évolue* en vertu du jeu des
forces organiques emmagasinées par l'hérédité. La
liberté n'existant pas, le vice naissant suit la marche
naturelle de toutes les autres maladies : le mal est
d'abord latent ; l'organisme réagit contre ce mal
naissant ; puis cette réaction diminue ; la maladie
s'étend et finit par tout envahir. Ainsi, dans l'*Assommoir*, Coupeau est un honnête ouvrier, un homme aux
sentiments délicats, malgré son ignorance. Sa femme,
Gervaise, s'est complètement réhabilitée par son travail et son dévouement envers son mari. Il semble
que l'auteur va s'essayer dans un genre nouveau, la
poésie de la mansarde, et nous peindre un de ces intérieurs ouvriers honnêtes, propres, gais, dont le
spectacle fait tant de bien. Quelle déception ! Pendant que ces honnêtes ouvriers travaillent, les germes

ataviques font leur œuvre latente. Coupeau ne buvait jamais de liqueurs fortes, de peur de mourir, comme son père, du *delirium tremens* ; mais la fatalité avait décidé qu'il ne pourrait éviter ce mal héréditaire. A la suite d'un terrible accident, il est obligé de se reposer longtemps : cette oisiveté forcée lui donne le goût de l'oisiveté ; l'oisiveté le mène à l'ivrognerie ; il tombe dans la dernière dégradation, et meurt comme son père était mort. Sa femme, si vertueuse, sa femme qui le soigne avec un dévouement sans bornes, même après qu'il a pris l'habitude de boire, ne semble-t-il pas qu'elle va lui rester fidèle jusqu'à la fin ? Non ; plus son dévouement devient héroïque, et plus elle approche du moment où elle tombera : c'est son mari lui-même qui l'abandonne à Lantier ; c'est son mari qui, en la laissant mourir de faim, l'avait obligée à tromper sa faim avec de l'eau-de-vie. Ainsi s'accomplit fatalement chez tous les deux l'évolution de la vertu au vice.

On pourrait dire qu'à un certain point de vue, il se dégage de des romans naturalistes une certaine moralité. Le vice, peint au naturel, est si répugnant, ses conséquences si tristes et si terribles que cette peinture peut nous inspirer le désir d'éviter ces *phénomènes nerveux que l'on est convenu d'appeler le mal.* Toutefois, cela ne suffit pas pour excuser complètement le genre naturaliste. Pour qu'un roman soit de nature à nous détourner du mal, il ne suffit pas que la liaison naturelle du *mal moral* et de la

misère ressorte du récit ; si le vice est représenté
comme une maladie *inévitable*, si les descriptions
vivantes, fascinantes de l'immoralité sont de nature
à frapper l'imagination, la peinture du vice et de sa
fatalité fera plus de mal que la peinture de ses conséquences ne fera de bien. Or, ces descriptions si vives,
si colorées, si crues de l'immoralité ne sont pas chez
M. Zola de simples accidents ; elles font partie de
son système scientifique. Tout ce qui est dans la nature a un droit égal à l'attention du savant et de
l'artiste. L'analyse du vice et de toutes les émotions
vicieuses fait partie de la *littérature scientifique*.
N'est-ce pas là une conséquence rigoureuse de tout
système philosophique qui, sous un nom ou sous un
autre, ne reconnaît qu'une seule réalité, *la nature*, et
pour qui tout art, toute religion, toute sociologie revient à l'adoration du *Grand Tout* ?

Ce culte de la nature est si absorbant chez M. Zola
qu'il étouffe tous ses autres sentiments, dès qu'il
prend la plume. Il est patriote, et cependant il a
écrit la *Débâcle* ! Il est démocrate ; il aime le peuple,
et il a écrit l'*Assommoir* ! Le peuple mériterait pourtant de trouver un peintre de génie qui nous présen-
tât le tableau des intérieurs modestes et propres, du
travail, des obscures et touchantes vertus de famille.
Quel chef-d'œuvre n'eût pas fait M. Zola, avec un
pareil sujet, s'il avait cru à la liberté et à la vertu !
Mais la dégradation *morale* est un phénomène naturel plus frappant que la vertu modeste. M. Zola de-

vait donc lui donner la préférence, comme *matière à description*. Il fallait des couleurs fortes pour ce genre de tableau, et c'est ce qui a déterminé le choix du sujet.

De M. Zola à M. Bourget, la transition est brusque. Il est difficile de trouver deux talents plus différents. Il y a cependant un point commun, nous oserons dire un défaut commun ; chez le second, comme chez le premier, l'éclipse de la liberté humaine vient trop souvent attrister le lecteur, et fait de ses romans psychologiques une *cruelle énigme*.

Il est vrai que, dans une de ses œuvres les plus récentes, le *Disciple,* M. Bourget s'est élevé, avec autant de talent que de logique, contre les doctrines déterministes. Mais il semble que, chez M. Bourget, il y ait, comme dit un moraliste contemporain (1), « deux hommes, le psychologue et le moraliste, qui « semblent se combattre. Le moraliste, frappé par « certains incidents de la vie contemporaine qui « trahissent une décadence morale, voit bien que la « conduite des hommes doit être dirigée par des « principes solides ; mais le psychologue observe un « inquiétant désaccord entre ces principes et les « aspirations du cœur humain. »

Il est certain qu'il y a désaccord entre la morale et la nature, si, par *nature,* on entend les tendances

____

(1) Edouard Rod. — *Les Idées morales du temps présent. Genéve,* 1891, p. 117 et suiv.

affranchies de toute règle. Mais la contradiction cesse si on considère la liberté, qui nous a été précisément donnée pour concilier ces contradictions. Or, ce facteur moral, la liberté, a été trop souvent négligé dans les romans de M. Bourget. La passion y est représentée comme une force irrésistible ; l'auteur met d'ailleurs ses personnages dans des circonstances qui semblent *nécessiter* la faute et par conséquent l'*excuser*. « Hélène Chazel (dans *Crime « d'Amour*, et Mme Audry, *Deuxième Amour*), pa-« raissent presque irréprochables dans leur faute, « tant leur conscience les tourmente peu, tant les « circonstances les justifient. Celle-ci n'a-t-elle pas « un mari qu'elle méprise ? Celle-là, un mari « qu'elle ne peut aimer (1) ? » Cette même fatalité de la passion semble encore l'idée unique qui ait inspiré M. Bourget dans *Cruelle Enigme*. Hubert Liauran sait que Mme de Sauve est absolument indigne d'être aimée ; il sait qu'en s'abandonnant à sa passion il fait mourir sa mère de chagrin ; il sait qu'il se met en contradiction flagrante avec ses principes religieux ; à ces motifs s'ajoute, pour combattre sa passion coupable, un sentiment d'une immense intensité, la jalousie ; car Mme de Sauve le trompe. Malgré tout, il revient à l'indigne objet de son amour. Fatalité ! Cruelle énigme, dont l'auteur ne donne pas l'explication : car la seule

(1) Ed. Rod. — *Ib.*, p. 118.

explication est là où il ne la cherche pas, dans l'*épreuve* imposée à la *liberté humaine*.

En négligeant l'idée de la lutte morale et du combat intérieur entre la liberté et la passion, la littérature qui se vante d'être naturaliste méconnaît la vraie nature de l'homme ; car c'est la méconnaître que la réduire au mécanisme de la passion. Que la littérature peigne les faiblesses de l'homme ; mais qu'elle sache aussi en peindre la grandeur : car elle ne doit négliger aucun des éléments humains.

« *Humani nihil a se alienum putat.* »

Or, s'il y a quelque chose qui soit *humain* par excellence, c'est ce qui fait le caractère spécifique de l'homme, à savoir la *liberté morale*. Que la littérature contemporaine lui rende la place qui lui est due ; alors on pourra lui reconnaître le mérite auquel elle prétend, celui d'exprimer la *vraie nature* et *toute la nature* de l'homme.

CHAPITRE IV

DE L'IDÉE DE RESPONSABILITÉ, CONSIDÉRÉE COMME BASE DE L'ÉDUCATION

I. Principes *spiritualistes* de l'éducation. 1° Sentiment de l'obligation et de la responsabilité. — 2° Croyance en Dieu. — 3° Sentiment de l'honneur fondé sur l'idée du devoir. — 4° Nécessité de l'effort comme condition de la science et comme apprentissage de la vie.

II. Principes *déterministes* et *naturalistes*. 1° Morale de l'intérêt et de la prudence. L'idée dé la *responsabilité* remplacée par celle des *conséquences naturelles* des actes. 2° Religion de l'humanité. 3° L'idée de Dieu remplacée par celle de la science. 4° Suppression de l'effort et de la règle ; la nature considérée comme seul guide dans l'éducation. Analogie de ses idées avec celles de Fourrier.

III. Heureuses inconséquences chez Stuart Mill, qui reconnaît la nécessité du sentiment religieux dans l'éducation, et d'A. Bain qui proclame la nécessité de l'*effort* et de la *lutte* contre la nature.

I

Nous avons cherché quelles seraient dans la *législation* les conséquences des doctrines qui nient la responsabilité ; nous sommes arrivés à conclure qu'elles

10

amèneraient une législation *rétrograde* ; mais enfin ce serait encore une législation. Nous nous sommes demandé quelle était leur influence en littérature ; il nous a semblé qu'elles ne sauraient produire qu'une littérature *de décadence* ; mais enfin, ce serait encore une littérature. Pour ce qui est de leur influence sur *l'éducation* nos conclusions seront encore plus radicales. Ce qui résulterait des principes déterministes s'ils pouvaient passer de l'état théorique à la pratique, ce ne serait pas seulement une mauvaise éducation ; ce serait la suppression de toute éducation.

Jusqu'ici, sous l'influence des idées spiritualistes et chrétiennes, on a toujours cru que toute éducation suppose la croyance au *devoir*, à la *responsabilité*, et que cette croyance est inséparable de la foi en Dieu. On a également admis que l'*effort* est une condition nécessaire à l'exercice et au développement de la volonté. Ce sont là des principes qui n'ont plus de sens, en face des doctrines déterministes. Mais ce n'est pas tout de nier ces principes, il faudrait pouvoir s'en passer dans l'éducation, et les remplacer d'une manière quelconque. Or, pour changer ainsi la base de l'éducation, il faudrait commencer par changer les lois de l'esprit humain.

L'éducation n'est pas une œuvre *unilatérale*, où le maître agirait seul, où l'enfant serait seulement *passif*, comme une cire prête à recevoir toutes les impressions. C'est une œuvre *commune* ; elle ne peu réussir que par la coopération de l'enfant et du maître. Il faut donc qu'ils aient tous les deux un *but commun*. Ce que veut le maître, il faut que l'enfant arrive à le vouloir par lui-même. Comment arriver à faire naître dans l'âme de l'enfant une volonté *personnelle*, en conformité avec celle du maître ? Est-ce uniquement en lui persuadant que la volonté de ses parents et de ses maîtres est conforme à son propre *intérêt* bien entendu ? sans doute, c'est un très bon moyen *auxiliaire* ; mais il serait insuffisant à lui seul ; car il est bien difficile de faire comprendre à l'enfant toutes les raison d'ordre moral et toutes les raisons d'ordre social qui prouvent la supériorité de l'homme instruit sur l'ignorant. Il arrivera peu à peu à saisir ces raisons, à mesure qu'il avancera dans ses études ; mais tout d'abord, pour stimuler et pour régler sa volonté il faut faire appel à un motif plus puissant et en même temps plus simple, à un motif qui soit à la portée de l'enfant comme de l'homme, de l'ignorant comme du savant ; ce motif est l'idée du *devoir*. Hors cette idée, il n'y a pas de principe d'éducation. Sans elle, l'enfant n'obéira pas, ne travaillera pas, ou il le fera par contrainte et à contre-cœur ; tout au plus travaillera-t-il quand cela lui plaira, et de la manière qu'il lui plaira de travailler. Or, est-il possible que le travail et l'obéissance plaisent toujours à l'enfant, même le plus raisonnable ?

Une fois l'enfant bien pénétré de cette idée de devoir — le maître aura beaucoup moins à punir. Il faudra sans doute que le maître soit toujours vigilant ; mais enfin, avec toute la vigilance possible, on ne saurait tout voir, tout surveiller : qui donc remplacera le *maître extérieur*, quand la surveillance sera impossible ? Ce sera le *maître intérieur* ou la *conscience*. L'enfant qui croit au devoir devient dans une certaine mesure son propre gardien On peut avoir confiance en lui, en ses promesses, en toutes ses paroles : et la confiance mutuelle rend seule possible l'œuvre de l'éducation.

Tout cela est tellement évident, tellement simple, qu'il semble inutile et presque puéril de le dire : mais ce sont précisément les vérités les plus vulgaires, les plus évidentes dont on veut douter ; il faut donc bien les redire et les proclamer bien haut ; il faut les démontrer, absolument comme si elles en avaient besoin.

On pourrait se demander si le sentiment de l'honneur ne suffirait pas pour remplacer, chez l'enfant, la croyance au *devoir* et à la responsabilité. — Assurément, l'efficacité du sentiment de l'honneur, dans l'éducation, est un fait incontestable ; tout bon éducateur devra tout faire pour l'éveiller et pour l'entretenir dans l'esprit de l'enfant, Mais ce sentiment, à son tour, a son origine dans la conscience de la liberté morale, dans le sentiment de la *responsabilité* et de la valeur que le devoir donne à la *personne* humaine. L'honneur n'est pas seulement cette fierté instinctive qui nous porte à repousser toute insulte ; s'il n'était que cela, il pourrait s'expliquer par des causes organiques ; on en trouve l'analogue dans l'instinct de colère et l'instinct vindicatif remarqué chez quelques animaux. Ce n'est pas seulement, non plus, le besoin d'être estimé par les autres ; car l'homme d'honneur craint autant de faire en secret une chose lâche ou basse que de la faire aux yeux des autres. L'honneur est un sentiment vif de notre dignité, qui consiste à craindre tout ce qui peut nous *dégrader* au regard de notre conscience, et à sacrifier nos intérêts plutôt que de manquer à la loi que *notre volonté s'est imposée à elle-même.* Or, si notre volonté s'impose une loi à elle-même, et une loi *pénible*, si elle croit se *dégrader* en y manquant, c'est apparemment que cette *loi* est bonne ou au moins lui paraît *bonne en soi* et d'une *manière absolue,* Or, il n'y a que la loi *morale*, qui ait ce caractère absolu, ou, comme dit Kant, ce caractère *d'impératif catégorique* . De plus, il faut que ma volonté se croie libre pour fixer ainsi par avance ses résolutions futures, *indépendamment des motifs encore inconnus qui pourront la solliciter.* Ainsi l'honneur est l'expression de toutes les croyances spiritualistes. — Mais, dira-t-on, cette ferme persistance dans ma propre volonté, cette crainte de me dégrader en déviant de la ligne que je me suis tracée, ne prouve pas nécessairement que je regarde ma volonté comme conforme à une loi supérieure ; elle prouve seulement que j'y persévère parce qu'elle est *mienne*, et qu'il me plaît d'être à moi-même mon propre législateur. — Soit : ce motif, nous en convenons, est pour beaucoup dans la fermeté de caractère qui constitue l'honneur ; mais *si ce motif est seul*, si je tiens à ma volonté, uniquement parce qu'elle est *mienne*, non parce que je la crois bonne, alors, c'est l'*entêtement*, l'*obstination*, plutôt que l'honneur véritable. On peut y reconnaître le « *tenacem propositi virum* ; » mais cela est insuffisant ; nous voulons le « *justum et tenacem.* » L'obstination, qui fait faire tant de fautes dans la vie et dans la politique, est chez l'enfant un des plus grands obstacles à l'éducation. Il ne faut pas en conclure que les parents ou les maîtres doivent essayer de briser les résistances qu'ils rencontrent dans ce sentiment d'honneur *mal compris* ; mais ils doivent le tourner au bien, et persuader à l'enfant que, s'il est beau d'avoir une *volonté*, ce qui fait la valeur de la volonté et de l'énergie est le *bon emploi de cette énergie.* C'est donc toujours au *devoir* qu'il en faut revenir; c'est par le sentiment du devoir qu'il faut diriger celui de l'honneur. On ne remplacera jamais, quoi qu'on fasse, ce sentiment de l'obligation morale ; il n'y a rien de plus grand en nous, parce que c'est notre plus intime relation avec l'Infini. La croyance à la *liberté* et à la *personnalité* implique la croyance à l'utilité de l'*effort.* L'homme doit être l'artisan de son propre perfectionnement. Nos tendances ne nous portent pas d'elle-mêmes et sans peine au but que l'homme doit poursuivre, et vers lequel l'éducation doit diriger l'enfant. Il est nécessaire de diriger ces tendances, d'exciter les unes, de modérer les autres. Cette direction n'est pas seulement l'œuvre du maître ; il faut que l'enfant fasse effort sur lui-même pour changer son caractère, corriger ses défauts ; il faut qu'il se fasse violence, au moins bien souvent, pour s'appliquer au travail. Si attrayante que soit la science, elle demande des efforts d'attention et des efforts de mémoire ; ces efforts sont souvent difficiles. Le travail, la peine, est la condition de la culture intellectuelle.

Quand la facilité de l'enfant est telle qu'il apprend, presque sans effort, la science qu'il acquiert *meuble* plutôt qu'elle ne *développe* son intelligence. Sans doute, l'excès de travail, le surmenage est dangereux ; mais, pour éviter cet excès, doit-on, avec Herbert Spencer, poser en principe que l'enfant doit être laissé absolument libre de suivre son attrait et sa fantaisie ? Les philosophes évolutionistes sont conséquents avec eux-mêmes, en professant cette doctrine pédagogique, puisqu'ils croient à l'*infaillibilité* de la *nature*. L'effort doit être mauvais, puisqu'il contrarie la nature ; il y a donc à changer tous les principes qui d'ordinaire sont admis en éducation. Mais, que proposent-ils à la place ? Quelles sont leurs méthodes ? Quels sont leurs procédés et leurs innovations, dans le choix des moyens d'éducation ? C'est à Herbert Spencer que nous le demanderons tout d'abord, parce que c'est lui qui, parmi les philoso-phes déterministes, a le mieux compris où me-naient ses principes, et qu'il les a suivis jusqu'au bout.

II

A l'obligation et à la personnalité morale, Spencer substitue purement et simplement la *sanction natu-relle*, c'est-à-dire la crainte des conséquences phy-siques que peut amener un acte déraisonnable. Il ne faut pas défendre une chose à un enfant ; on doit laisser à la nature le soin de l'instruire de ce qui est nuisible. « Si un enfant touche à la barre de fer « rouge de la cheminée, s'il passe la main sur la « flamme d'une bougie... la brûlure qu'il reçoit est « une leçon qui ne sera pas aisément oubliée. Dans « les cas comme ceux-là, la nature nous montre de « la manière la plus simple quelle est la vraie théo-« rie et la vraie pratique de l'éducation morale (1). »

En citant ce passage, M. Thamin, dans son beau livre intitulé *Education et positivisme*, reconnaît que,

-----

(1) Spencer — *De l'éducation intellectuelle, morale et physique.*

dans certains cas assez rares, il peut être bon de laisser
l'enfant recevoir une leçon de l'expérience. Mais en-
co re faut-il que cette leçon ne soit pas trop dangereuse. Les *défenses* « n'ont-elles pas précisément pour
« but de prévenir certaines *réactions naturelles* et de
« faire bénéficier l'enfant de l'expérience de ses pa-
« rents. Enfin M. Spencer reconnaît lui-même que
« *les fautes les plus véritablement fautes, le vol,*
« *le mensonge, n'ont de sanction immédiate* (1) »
dans aucune *réaction naturelle,* et que, par conséquent, il faut toujours revenir à une sanction artifi-
cielle, comme l'irritation des parents ou le châtiment. Mais cette sanction fera défaut lorsque l'enfant
réussira à cacher sa faute. Il n'y aura pas non plus
la sanction de la conscience ; car, dans le système
de Spencer, l'obligation morale est absente. Par conséquent, de son éducation, l'enfant ne tirera que
deux règles de conduite.

1° Evite toujours les imprudences qui peuvent
amener la douleur par une réaction naturelle.

2° Evite ce qui fait tort aux autres, *lorsqu'il y a
danger d'être découvert.*

Remplacera-t-on l'idée du *devoir* et la croyance en
Dieu par la religion de la science ? Ou encore par
la religion de l'humanité ? Telle est probablement
la pensée de la plupart des évolutionistes. Mais

____

(1) THAMIN. — *Education et positivisme,* p. 99, 100.

la religion de la science ne sera jamais que le privilège du très petit nombre. Et quelle *efficacité morale* aura-t-elle sur le genre humain ? Pour la religion de l'humanité, elle est, il est vrai, plus à la portée du grand nombre. Mais, en supposant qu'elle donne à tous la force nécessaire pour accomplir leurs *devoirs envers leur prochain*, donnera-t-elle la force de résister aux passions sensuelles, à la paresse, à toutes les faiblesses de la nature ? Et d'ailleurs, la nature a-t-elle des faiblesses ? Et n'est-on pas sûr de bien faire en suivant les tendances infaillibles de la nature ?

Suivre la nature, tel est, en effet, le principe, telle est la conclusion du système pédagogique de Spencer. Pour toute discipline morale, il s'en tient presque uniquement aux réactions naturelles. Pour déterminer le genre d'instruction, la mesure de travail qui convient à l'enfant, c'est encore à la nature qu'il veut s'en rapporter. Quand faut-il faire étudier l'enfant ? Quelles études faut-il lui faire faire ? D'après Spencer, le *criterium* naturel qui doit nous servir pour résoudre ces questions, c'est le *plaisir de l'enfant*. « Quand « on emploie la bonne méthode, il y a, » dit M. Spencer, « excitation agréable, de telle sorte que l'enfant devient le maître, et c'est de lui qu'on « doit apprendre comment on doit l'élever. » « On voit » — ajoute M. Thamin, après avoir cité cette profession de foi pédagogique de Spencer, « qu'il

« est impossible de croire plus aveuglément aux
« prévisions et aux suggestions de la nature. Nous
« nous bornerons pour le moment à une objection :
« Quand apprendrez-vous à lire à l'enfant, si vous
« attendez son bon plaisir ?... Je sais bien qu'on a
« poussé bien loin l'art d'enseigner, en amusant,
« même l'alphabet... Ces procédés sont excellents,
« pourvu qu'ils restent au rang des procédés auxi-
« liaires... Mais l'enfant se lassera vite de ces jeux
« obligatoires, et préférera à ce qui est instructif et
« amusant ce qui est simplement amusant. De plus,
« n'est-ce point commettre une inconséquence et
« faire acte de méfiance envers la nature que d'in-
« venter des stimulants agréables à côté des siens ?...
« Ce n'est plus là attendre et respecter les arrêts
« de l'instinct ; c'est les surprendre et les faus-
« ser (1). »

« D'ailleurs, quand il serait possible que l'éduca-
« tion se fît en jouant, *elle préparerait mal à la vie*,
« qui, elle, n'est pas un jeu... Ajoutons que le travail,
l'effort, la lutte par conséquent, est une forme de la
moralité : « Ne pas initier l'enfant au travail, c'est
« négliger le meilleur moyen de l'initier à l'idée de
« règle. » Un enfant, élevé d'après les principes de
Spencer, n'aura de règle dans ses études que son
caprice ; il n'en aura pas d'autre dans sa vie, une
fois devenu homme, jusqu'au jour où une expérience

(1) Thamin. — *Ibid.*, p. 96, 97.

cruelle le transformera en lui montrant les suites funestes d'une direction qui est ailleurs que dans le *devoir*.

Au fond, le principe de Spencer *suivre la nature — ne pas la contrarier*, n'est autre chose que la théorie *passionnelle* du Fourrier, sous une forme moins absolue, et dépouillée de l'affectation paradoxale, de l'étrange terminologie avec laquelle l'inventeur du phalanstère se plaisait à exprimer sa pensée. Fourrier était avant tout un philosophe panthéiste : tout est donc bien, tout est divin dans la nature ; toutes nos tendances ou, comme il disait, nos passions sont absolument bonnes, bonnes non seulement dans leur essence, mais bonnes *dans leur degré d'intensité* ; c'est folie de vouloir les régler ou les diriger par notre volonté ; cette folie a été celle de tous les éducateurs, de tous les législateurs, et c'est pour cela que tout va si mal dans le monde ; on a contrarié la nature. Elevons donc les enfants à suivre leur passion maîtresse ; ce sera là le secret de l'éducation ; par là nous coopérerons à l'œuvre de la nature, qui a calculé les *passions* de chacun avec précision en vue des fonctions sociales de chacun. Sur vingt enfants qui composent une classe, il y en a douze qui sont violents, brutaux, n'ont de goût qu'aux exercises physiques ; n'allez pas les gronder ; si la nature a donné ces inclinations à douze enfants de cette classe, c'est qu'à leur majorité, la société aura besoin de trouver *douze hommes* (ni plus ni moins), pour les états violents (soldats, bouchers) ou pour ceux qui demandent de grandes forces physiques. Sur les huit autres, il y en a trois qui sont malpropres dans leur tenue, qui se plaisent à jouer dans le ruisseau ; n'allez pas vouloir les corriger ; si la nature leur a donné à tous les trois ces goûts peu distingués, c'est qu'à l'époque de leur majorité il faudra à la société trois hommes de plus pour les métiers répugnants (égoutiers, balayeurs, etc...) Enfin les cinq autres sont indolents, rêveurs : c'est qu'il faut à la société cinq poètes. Ainsi chacun sera élevé suivant les indications de la nature, c'est-à-dire suivant ses goûts dominants : cette *passion dominante ne peut avoir d'excès* puisque la nature en a calculé *l'intensité* et les effets. En suivant ses goûts, l'enfant sera heureux ; en travaillant plus tard à un métier conforme à ses goûts, l'homme trouvera le bonheur dans le travail au lieu d'y trouver une peine : et comme *il travaillera par passion, il travaillera plus*, il *produira plus* (1) ; la société sera donc plus riche, beaucoup plus riche ; ainsi se trouve résolu à la fois le problème *économique* et le problème de l'éducation (2).

Afin de pouvoir donner à chaque catégorie d'enfants une éducation conforme à la passion maîtresse

(1) V. Reybaud. — *Les Réformateurs modernes.*

(2) L'homme travaillant par passion n'aura pas besoin du stimulant de la *propriété personnelle* : de là le communisme de Fourrier.

de chacun, Fourrier suppose, dans son phalanstère idéal, la constitution de trois groupes scolaires où seront organisées trois éducations très différentes. Dans un de ces groupes (le groupe des *chérubins,*) on placera les enfants indolents, rêveurs ; on les élèvera pour la poésie, les beaux arts, la philosophie. Dans les deux autres groupes, (les *chenapans* et les *sacripans*), on mettra les enfants violents et les enfants aux goûts malpropres ; on les élèvera pour les métiers que leur passion dominante les appelle à remplir plus tard dans la société.

Abstraction faite des dénominations grotesques et d'une foule de détails bizarres où Fourrier se complaît, — (non pas sans doute pour se moquer de lui-même, mais pour frapper davantage l'imagination du lecteur), — on peut dire que ce système d'éducation est le seul système *logique* dans l'hypothèse panthéiste. Si la nature est tout, si elle est toute-puissante et toute parfaite, c'est une tâche insensée et impossible de travailler à la gouverner et à la rectifier,... et cela avec une volonté qui, n'étant pas vraiment libre, n'a aucun pouvoir sur notre naturel ni sur celui des autres. L'éducation est une chose inutile : il faut la remplacer comme Molière propose de remplacer la médecine : *laisser agir la nature.* Fourrier l'avait dit sans atténuation. Aujourd'hui, Herbert Spencer revient à cette doctrine avec plus de ménagements. *Ils ont raison si leurs principes cosmologiques sont vrais* ; et si leur système d'éducation, — (ou plutôt d'absence d'éducation, —) est inapplicable, si personne ne peut songer sérieusement à en faire l'essai complet dans l'éducation publique, c'est apparemment que leur philosophie est erronée ; c'est que Dieu a donné à l'homme la liberté pour se diriger lui-même, pour régler, coordonner ses tendances ; et c'est à notre liberté, non à la nature, que doit incomber la *responsabilité* du *bien* et du *mal*.

III

Si Herbert Spencer a poussé la logique jusqu'à soutenir des conséquences inapplicables à l'éducation, les deux autres chefs du positivisme Anglais, Stuart Mill et Bain, ont, au contraire, sacrifié la rigueur de la logique au bon sens pratique, et ils *ont conservé dans leur système d'éducation ce que Spencer en bannit*. Stuart Mill reconnaît l'impossibilité de l'éducation sans l'idée religieuse. Bain affirme très hautement la nécessité de *l'effort* et même de la *contrainte*.

Stuart Mill, sans être positivement athée, est au moins *agnosticiste*. S'il ne nie pas Dieu, il ne l'affirme jamais. De plus, il avait été élevé absolument en dehors de toute idée religieuse : tout enfant, on lui avait appris à considérer toutes les religions mo-

dernes comme aussi fausses que les religions anti-
ques (1). Il ne paraît même pas avoir jamais reçu les
premiers principes de la religion naturelle ; son
éducation avait été purement *utilitaire* (2). Le résultat de cette éducation fut double ; d'une part, il devint
un penseur et presque un érudit dès son enfance ;
mais, d'autre part, il n'avait rien à aimer, rien à espérer ; ce vide profond, qu'il sentit vivement à l'âge
d'environ vingt ans, se traduisit alors chez lui par
un malaise indéfinissable et une angoisse qu'il dé_
crit lui-même dans ses *Mémoires* (3). A cet âge de
vingt ans, il avait déjà beaucoup pensé, beaucoup
écrit. Il s'était flatté de réformer le monde et un
jour cette question se dresse devant lui : « *A quoi
bon ?* » Suppose que tous les objets que tu poursuis
dans la vie soient réalisés, que tous les changements
dans les opinions et les institutions, dans l'attente
desquels se consume ton existence, puissent s'accomplir sur l'heure, en seras-tu plus heureux ? *Non*,
répondit nettement une voix intérieure qu'il ne pouvait réprimer. Alors, dit-il, « je me sentis défaillir ;
tout ce qui me soutenait dans la vie s'écroula (4). »

Cette crise morale réagit dans une certaine mesure sur ses opinions ; sans aller jusqu'à affirmer
l'existence de Dieu, il trouve une consolation à pen-

(1) STUART-MILL. — *Mémoires.*
(2) STUART-MILL. — *Mémoires.*
V. THAMIN. *ibid.* p. 135 et suivantes.
(3) STUART-MILL. — *Mémoires*, p. 127, 128. V. Thamin, *ibid.*
(4) *Mémoires*, p. 128.

ser qu'il n'y a pas de raison de la nier. Dans ce doute encore inquiétant, mais beaucoup moins désolant que la négation, « il est sage, » dit-il, « de tirer parti « des probabilités et de laisser notre imagination « aller librement du côté où elle trouve la solution « qui la console. » Il ajoute que si l'homme a le droit d'espérer, il en a presque le devoir; car *ces espérances donnent un prix à sa vie et une règle à sa conduite.*

Si la pensée de Dieu, — même sans la certitude absolue de son existence, — donne une règle à la vie, elle doit être une règle pour l'*éducation* ; il est donc naturel que Stuart Mill, dans un discours solennel prononcé en 1867 à l'Université de Saint-André, ait fait une part importante à l'instruction religieuse. Il est vrai qu'à ses yeux cet enseignement ne doit pas être imposé dogmatiquement, mais simplement *proposé* aux auditeurs, chacun ayant le choix des croyances qui lui sembleront les meilleures. Toutefois, de la part d'un positiviste, c'est déjà beaucoup de donner cette importance à l'idée religieuse et de vouloir que l'enseignement, sans l'imposer, l'entretienne comme un feu salutaire dont les âmes, dont la société ne saurait entièrement se passer. Cette neutralité est au moins une neutralité *bienveillante ;* elle implique une présomption de *probabilité.* Nous en prenons acte ; tout en trouvant que c'est encore

(1) Stuart-Mill. — *Essai sur la religion.* — Trad. française, p. 230 et suivantes.

trop peu pour donner un ferme appui aux croyances morales, nous constatons là une concession arrachée par l'évidence et par son expérience personnelle à un philosophe sur qui son père James Mill avait fait l'essai d'une éducation sans Dieu. L'essai, fait dans les meilleures conditions, et sur un sujet d'élite, avait prouvé l'insuffisance d'une telle éducation.

Nous avons opposé Stuart Mill à Spencer sur la question de l'éducation sans Dieu ; nous pouvons lui opposer l'autorité d'Alexandre Bain sur la question de l'éducation sans effort et sans contrainte (1). Peut-être même Bain exagère-t-il le besoin de répression ; il croit que la méchanceté est l'instinct dominant chez l'enfant (2). Mais, en laissant de côté ce qu'il y a d'excessif dans cette opinion, il faut reconnaître avec M. Thamin que Bain a raison quand il considère comme des *sanctions très insuffisantes ces réactions naturelles* auxquelles Spencer réduit toute la discipline morale. Il a raison quand il soutient que le plaisir de l'enfant n'est pas le *criterium* souverain de la méthode pédagogique, et qu'il y a des études indispensables vers lesquelles aucun plaisir ne poussera jamais l'enfant. Le *laisser-faire* en éducation, est une méthode paresseuse, bonne pour supprimer la peine des parents et des maîtres, plutôt que celle de l'enfant (3).

(1) BAIN. — *La Science de l'Education* — V. Thamin, *ib.* p. 108 et suiv.

(2) *Ibid.*

(3) *Ibid.*

Ainsi la nature n'est pas tout dans l'éducation de l'enfant, pas plus qu'elle n'est tout dans l'explication de l'Univers. Une métaphysique qui voudra tout expliquer sans Dieu et sans la liberté humaine, se heurtera à des impossibilités et à des contradictions ; une morale sociale, sans ces croyances, ne sera que le triomphe de la force sur le droit : une éducation qui ne reposerait pas sur ces croyances ne serait pas même une éducation.

CONCLUSION

On avait cru, jusqu'ici, que l'*irresponsabilité* était
parmi les hommes un cas *exceptionnel*, un cas *maladif*. On le restreignait aux petits enfants, aux aliénés,
aux vieillards tombés en enfance, à ceux qui, par
suite d'une circonstance ou d'une autre, avaient agi
sans conscience. Aujourd'hui, ce qui était jadis
l'exception, devient la loi générale de l'humanité.
C'est la philosophie moniste et déterministe qui l'a
décrété. On est *irresponsable* par le seul fait d'être
homme, et d'être, à ce titre, une partie du mécanisme
cosmique. L'homme a été transformé en chose.

En opérant cette merveilleuse transformation, par
la baguette magique d'une science aventurée, la philosophie déterministe a fait comme Circé, qui, elle
aussi, avait su produire sur les compagnons d'Ulysse
un état complet d'irresponsabilité. La question est
de savoir ce que répondraient les victimes de la nouvelle Circé, si la vieille philosophie spiritualiste venait, comme Ulysse, leur demander : « Voulez-vous

hommes redevenir ? Voulez-vous retrouver la liberté de l'âme ? » La liberté ? répondraient peut-être quelques-uns ; n'ai-je pas celle de suivre ma nature, de la suivre désormais sans crainte, sans remords ni scrupule ? Quoi de plus doux ? Et que me faut-il de plus ? Je suis parvenu au port de l'irresponsabilité, et j'irais m'engager de nouveau sur cette mer où la liberté craint à tout instant les naufrages ? « *Je suis* « *roi* » puisque je puis suivre sans gêne et sans crainte mes moindres caprices, et « *tu me rendrais encore* « *simple soldat* » de la loi morale ! « *Je ne veux pas* « *changer d'état.* »

Nous espérons qu'une telle réponse serait seulement celle du très petit nombre. On ne renonce pas facilement aux croyances qui font l'honneur de l'homme, comme la croyance à la liberté, au devoir ; ceux qui les abandonnent théoriquement et par système sont le plus souvent inconséquents, dans la pratique, avec des doctrines que leurs instincts généreux démentent à chaque moment. Mais si ces doctrines, à la longue, s'insinuaient dans les cœurs comme dans les esprits, si elles passaient dans les mœurs et dans les institutions, c'en serait fait pour longtemps du progrès des sociétés modernes vers l'idéal de la *justice* et de la *charité*. Car on n'a jamais fait rien de grand que par l'idée du *devoir*, du *sacrifice*, et sous l'inspiration des croyances morales, des croyances religieuses. Que vient-on y substituer aujourd'hui ? des doctrines qui paralysent la volonté, qui découragent le bien, et qui, en même temps, *encouragent le mal* en quelque sorte *infiniment,* par l'assurance de l'*irresponsabilité*.

Les apologistes des doctrines déterministes prétendent qu'en soutenant l'irresponsabilité des coupables on travaille à l'adoucissement des mœurs. « Si nous les regardons comme *irresponsables,* nous les frapperons, pour nous défendre, mais sans haine. A plus forte raison, délivrons-les de toute crainte relative à une expiation future : par là nous aurons servi la cause de l'humanité. » Quelle illusion ! Ne voit-on pas que si la croyance à la *responsabilité morale* diminue, il faudra augmenter la rigueur de *la responsabilité sociale* (1) ? Du moment où l'homme croira n'avoir rien à craindre d'une vie future, il aura un motif de moins pour résister à la tentation du crime : il est évident que les crimes se multiplieront, et que, pour *faire compensation.* la société devra multiplier les châtiments, aggraver les pénalités. Etrange sentiment d'humanité, étrange pitié envers les méchants, que de les rassurer sur les conséquences de leurs actes, de les encourager infiniment au mal, et d'obliger ainsi la société à chercher son salut dans la terreur des supplices ! Mais quoi ! même en redoublant la terreur

____

(1) On se rappelle que cette conséquence est avouée et franchement acceptée par les criminologistes de l'école italienne.

des supplices, la société arrivera-t-elle à neutraliser le danger que fait naître la doctrine de l'*irresponsabilité morale*? Non; car tout homme qui sera assez habile pour échapper a la justice, ou assez fort pour la braver, se trouvera ainsi certain d'une éternelle impunité; et, même aux yeux de sa conscience, il sera parfaitement irréprochable. Que serait une société où de semblables opinions, arriveraient à se généraliser? Les hommes retourneraient vite à l'état barbare, s'ils se persuadaient qu'ils sont irresponsables. Dira-t-on que ce danger n'est pas à craindre, et que la marche de *l'évolution* ne saurait suivre une direction rétrograde? C'est se rassurer par une hypothèse bien hasardée, au sujet d'un danger bien réel et bien pressant. L'expérience n'est-elle pas là pour nous dire que la croyance à une vie future est *un des facteurs les plus considérables de la moralité* et du progrès? Supprimer ce facteur, c'est courir un grand risque. Mais laissons de côté les crimes contre la société, que la loi réprimera plus ou moins, et même les fautes contre la moralité, dont on espère la diminution, en vertu des lois de l'évolution. Il y a un mal que l'évolution ne préviendra pas, que les lois sont impuissantes à empêcher; un mal dont l'augmentation est inévitable, si les hommes arrivent à se croire irresponsables; c'est le suicide. La vie présente est dure pour bien des hommes; la vie future réserve une immense compensation à celui qui sait supporter toutes ses épreuves; elle ne peut être qu'un sujet d'effroi pour celui qui abrège volontairement la vie dont il doit compte à Dieu. Voilà deux motifs tout puissants pour nous fortifier contre toutes les souffrances. Sans ces motifs, quelle raison l'homme malheureux aurait-il pour vouloir continuer à souffrir? Il y a, dira-t-on, l'instinct de conservation. Oui ; mais, hélas ! c'est un instinct bien insuffisant, comme le prouve la triste statistique des suicides. Le jour où la grande majorité des hommes ne croira plus avoir rien à espérer ni rien à craindre au delà du tombeau, combien de milliers d'êtres souffrants chercheront le repos de ce néant que leur promettent les nouvelles doctrines ! Dans tout système de morale qui nie la sanction, le dernier mot est et sera toujours le *suicide*. Un évolutionniste conséquent avec ses principes répondrait : Tant mieux ! *Les êtres souffrants doivent être éliminés, pour le plus grand bien de l'humanité future. Ils font bien de s'éliminer eux-mêmes.* Mais pour l'honneur de la philosophie, hâtons-nous de dire que bien peu d'évolutionistes pousseraient la logique jusque là.

Ils nous semblent donc entendre bien mal les intérêts de l'humanité, tous ceux qui veulent arracher à l'homme toute espérance et toute crainte de la vie à venir. Cependant, si capitale que soit au point de vue moral ou au point de vue social la croyance à la responsabilité personnelle et à la sanction future, la philosophie ne saurait pas hésiter à y renoncer si ces vérités étaient douteuses aux yeux

de la raison. L'intérêt moral le plus grand et le
plus général ne saurait autoriser une erreur ou un
préjugé. Mais nous soutenons précisément l'impossibilité d'une pareille supposition. *Ce qui est la condition de la moralité ne peut être faux.* Quoi de plus,
absurde, que de supposer cette contradiction entre
le *bien* et le *vrai*? D'un côté seraient l'erreur, le mensonge et... l'intérêt moral ; de l'autre, la vérité, et...
l'encouragement infini au mal ! Non, il ne se peut
pas que la raison spéculative et la raison pratique
soient deux ennemies. Un conflit entre elles ne saurait être qu'apparent. Aussi, sans crainte de nous
tromper, nous n'hésiterons pas à dire : Toutes les
fois qu'une doctrine suspecte aux yeux des moralistes
se prévaut de l'autorité de la science, il y a grande
vraisemblance que c'est bien à tort, et qu'elle est aussi
insoutenable devant la raison spéculative que devant
la raison pratique. C'est ce que nous avons essayé de
montrer pour les doctrines déterministes. Leurs défenseurs se mettent en contradiction avec la conscience du genre humain ; ajoutons qu'ils se mettent
en contradiction avec eux-mêmes ; en effet, quoiqu'en principe ils nient le libre arbitre, ils parlent,
tout comme les autres hommes, de la *liberté civile*, de
la *liberté politique*, des droits de l'homme, du progrès
social par l'idée de la justice et du droit. Or, sans le
libre arbitre, cette notion du *droit* est absolument
inexplicable ; elle est même inconcevable. Il est facile de s'en convaincre.

Le *droit*, chacun en convient, s'oppose à la *force :* il est donc autre chose que la force ; il est quelque chose de *supérieur* et d'extérieur à la force et à l'ensemble des *forces*. Or, la *nature n'est qu'un ensemble de forces* ; que ce soient des forces matérielles ou des *idées-forces*, il n'y a rien au-dessus, rien qui doive en régler, en corriger le jeu. Il y a des forces qui se repoussent, qui s'attirent, qui s'agrègent, qui se désagrègent. Elles n'ont qu'*une manière d'agir possible,* celle que la nature *détermine* ; elles n'ont qu'une seule espèce de relations, des *relations de fait.* Où viendraient se placer, s'intercaler parmi ces faits des relations de *droit ?* Le droit, s'il n'y a rien en dehors de la nature, n'est absolument qu'un *vain mot*, un non-sens. C'est ce que n'avait pas hésité à reconnaître et à proclamer bien haut le plus rigoureux logicien de l'école naturaliste, Hobbes, dont personne, depuis deux siècles et demi, n'a pu réfuter les conclusions. *Une fois admis que l'homme n'est qu'une partie de la nature, la société, les états, l'humanité tout entière ne sont, comme la nature en général, que des forces, un antagonisme de forces ou un équilibre de forces.* Si les forces appelées *hommes* sont laissées à leur impulsion naturelle, il y a lutte, anarchie. Si une force plus grande que les autres les comprime ou les arrête, il y a *équilibre* ; c'est *l'ordre dans l'état*, mais l'ordre par le despotisme. Du *droit*, pas un mot dans toute cette théorie de Hobbes. Comment en serait-il question, puisque ce n'est ni un phénomène sensible, ni une loi de la nature physique, hors de laquelle il n'y a rien.

Dira-t-on que le droit est un *idéal*, non un fait, qu'il peut exister comme *idéal* dans ma pensée et que, dès lors, il peut et doit tendre à se réaliser? Ce n'est que reculer la difficulté. Si cet idéal n'est rien qu'un simple produit de ma pensée, et si ma pensée n'est à son tour qu'un produit des forces cosmiques, la conception du droit n'est qu'*un phénomène cosmique du second degré*. Il n'est pas au-dessus de la nature dont il est le produit : il ne peut ni la modifier ni la corriger.

Oui, sans doute, le droit est un idéal ; mais un idéal, au sens platonicien du mot : c'est une *idée de Dieu* avant d'être une conception de la pensée humaine. Cet *idéal* a donc une réalité, il a une supériorité incontestable sur la nature ; il a le droit de nous commander, puisqu'il est pensé et voulu par un Être supérieur à nous. Hypothèse, dira-t-on ! Non, ce n'est pas une simple hypothèse, c'est la seule possible ; car c'est la seule qui explique le caractère impératif de l'idée du *droit*, comme de l'idée *du devoir*. Le dualisme *de Dieu* et *de la nature* est donc la condition *sine qua non* de cet autre dualisme que la conscience affirme entre le *droit* et le *fait*. Ainsi éclate avec une évidence infinie la *distinction irréductible* de la *personne-moi* qui pense Dieu, et du *Dieu personnel* que je pense ; en même temps se trouve démontrée l'existence objective de cet Être qui apparaît à ma pensée comme le suprême législateur, *sans lequel tous les mots de loi morale, de devoir, de droit et de responsabilité seraient de vains sons vides de sens.*

TABLE DES MATIÈRES

PREMIÈRE PARTIE

EXPOSITION

CHAPITRE I

LA CONSCIENCE ET LES SYSTÈMES

CHAPITRE II

EXPOSITION DES DOCTRINES QUI RÉDUISENT LA RESPONSABILITÉ A UN RAPPORT SOCIAL

CHAPITRE III

DOCTRINES QUI ESSAIENT DE MODIFIER SANS LA SUPPRIMER LA NOTION DE RESPONSABILITÉ MORALE

CHAPITRE IV

DOCTRINE CRITIQUE

DEUXIÈME PARTIE

PARTIE CRITIQUE

PREMIÈRE SECTION

Examen des systèmes nouveaux considérés dans leurs principes.

CHAPITRE PREMIER

EXAMEN DU DÉTERMINISME

CHAPITRE II

DES NÉGATIONS DE LA PERSONNALITÉ

DEUXIÈME SECTION

Examen des systèmes nouveaux considérés dans leurs conséquences.

CHAPITRE PREMIER

CONSÉQUENCES MORALES

CHAPITRE IV

DE L'IDÉE DE RESPONSABILITÉ, CONSIDÉRÉE COMME BASE DE L'ÉDUCATION

CONCLUSION

FIN DE LA TABLE

Imprimerie DESTENAY, — Bussière frères, Saint-Amand (Cher.)

www.ingramcontent.com/pod-product-compliance
Lightning Source LLC
LaVergne TN
LVHW012020170726
843503LV00001B/352